중국어
회화
비법

중국어
회화
비법

초 판 인 쇄	2022년 2월 15일
초 판 발 행	2022년 2월 22일

펴 낸 이	윤준우
펴 낸 곳	STT Books
지 은 이	STT Books 편집부

디자인&표지	정다운 (Double D & Studio / ekdnsdl5513@naver.com)
녹 음	原美琳 lingling8181@hanmail.net
중문 감수	原美琳
삽 화	신연지 shinnyg93@hanmail.net
사 진	우종현 www.facebook.com/simmonwoo

출 판 등 록	제353-2020-000012호
주 소	인천광역시 남동구 백범로 399 아트폴리스 1211호
홈 페 이 지	sttbooks.modoo.at
e - m a i l	sttbooks@naver.com
I S B N	979-11-970373-2-0 13720
정 가	17,000원

본 도서는 저작권법에 의해 보호를 받는 저작물입니다.
출판사의 허락 없이 본 도서의 내용을 복사하거나 전재 또는 발췌할 수 없습니다.

잘못된 책은 구입처에서 교환해 드립니다.

중국어 회화 비법

머리말

    <중국어 회화 비법>을 기획하면서 편집자의 머릿속에는 줄곧 이런 생각이 떠나질 않았다. 도대체 비법은 무엇일까? 과연 비법이라는 게 존재할까? 등등, 마치 무림 세계에서 풍문으로만 존재하는 전설의 비기를 찾아 헤매는 느낌이었다. 하지만 비법은 존재하며, 의외로 간단했다. **많이 보고, 많이 듣고, 많이 말하고……** 설마 이걸 몰라서 중국어를 유창하게 못하는 학습자는 단 한 명도 없을 것이다. 그래도 혹시 다른 비결이 있을까하는 희망 섞인 마음에 많은 선후배 학습자에게 물어봐도 돌아오는 답변은 여전히 똑같다. 결국 중국어를 잘하기 위한 비법은 딱 다섯 글자로 요약할 수 있다. <**열심히 한다!!!**>

    누구나 다 알고 있는 상식적인 해답을 뒤로한 채, 우리는 무엇을 어떻게 열심히 하면 될까라는 점에 초점을 맞춰 해답을 찾고자 노력하였다. 먼저 우리가 말하는 중국어와 중국 사람의 중국어는 어떤 차이가 있는지 비교해 보았다. 우리는 무엇을 잘못 하고 있는지, 무엇이 우리를 어렵게 만드는지 알아야 그것을 해결할 방법도 찾을 수 있기 때문이다. 그리고 우리는 여러 중국어 고수들과 많은 인터뷰를 통해 다음과 같은 해답을 얻었다. 문장을 자연스럽게 말할 수 있는 **유창성**, 짧은 순간 순발력 있게 문장을 구성할 수 있는 **나만의 문법 체계** 그리고 중국 사람 앞에서 당황하지 않고 말할 수 있는 **심리적인 안정감**이 필요하다는 걸 알았다.

본 교재는 위와 같은 해답을 바탕으로 유창하게 말할 수 있는 비결과 연습에 초점을 맞춰 내용을 구성하였다. 읽는 게 중요하다면 어떻게 읽어야 회화에 도움이 되는지, 듣기 연습은 어떻게 해야 되는지, 문법은 실전에서 어떻게 활용해야 되며, 중국어 울렁증은 어떻게 극복해야 할지 등등, 최대한 말하기에 도움이 되는 연습 방법을 소개하였다.

본 교재를 기획하고 출판하기까지 많은 선후배 학습자의 도움이 있었다. 오랜 시간 중국어를 공부하며 터득했던 자신만의 노하우를 비롯하여 효과적인 연습 방법을 아낌없이 공개해 주었다. 아울러 그들은 모두 <기본기의 중요성>을 언급하였다. 아무리 뛰어난 비법과 연습 방법도 기본기가 제대로 갖춰지지 않으면 무용지물이라고 강조한다. 지면을 통해 다시 한 번 깊은 감사를 전한다.

마지막으로 <중국어 회화 비법>이라는 제목을 달고 학습자 곁으로 다가간다. 여전히 부족한 점이 많다. 또한 본 교재에서 다루지 못했던 또 다른 비법 혹은 효과적인 학습 방법들이 존재할 것으로 믿는다. 독자 여러분의 진솔한 의견을 기다리며 힘들었던 여정을 마무리 한다.

STT Books 편집부

CONTENTS

서론 : 무엇을 어떻게 연습해야 회화를 잘할 수 있을까? *008*

성조 연결 연습　　014

01 성조는 연결과 흐름이다 *016*
　① 효율적인 읽기 연습 *016*
　② 성조의 연결과 변화에 주의하자 *017*

02 두 글자 연습 *018*
　① 음 높이가 비슷한 성조 조합의 연습 *019*
　② 음 높이가 다른 성조 조합의 연습 *026*

03 네 글자 연습 *034*
　① 제2성 + 제1성 + 제4성 + 제3성 *035*
　② 제4성 + 제3성 + 제2성 + 제1성 *036*
　③ 제1성 + 제2성 + 제3성 + 제4성 *037*
　④ 혼합형 *038*

발음의 변화　　042

01 언어 흐름의 윤활유 *044*
　① 경성, 경음의 역할 *045*
　② 경성 *046*
　③ 경음 *050*

02 변조 *056*
　① 제3성의 변조 *056*
　② 一 의 변조 *058*
　③ 不 의 변조 *060*

03 탈락과 동화 *062*
　① 탈락 *062*
　② 동화 *063*

문장 읽기 연습　066

- **01** 여섯 ~ 여덟 글자 읽기 연습 *068*
- **02** 여덟 ~ 열 글자 읽기 연습 *082*

말하기와 듣기 연습　098

- **01** 거울을 보며 실전처럼 말하기 *100*
- **02** 우리말 억양을 줄이자 *104*
- **03** 듣기 연습 *108*
  - ① 할 줄 아는 만큼만 알아듣는다 *108*
  - ② 효과적인 듣기 학습법 *109*
  - ③ 듣기의 집중력을 높여라 *111*

문장 활용하기　114

- **01** 문법을 단순화시켜라 *116*
  - ① 문장 내 위치가 중요하다 *117*
  - ② 문장을 다섯 개 구역으로 나누어 활용한다 *119*

- **02** 동작, 상황을 나열하여 표현하기 *146*
  - ① 동작을 발생 순서대로 표현하기 *146*
  - ② 상황을 전달하는 순서대로 표현하기 *151*
  - ③ 중국어 고수의 비법 - 각종 보어 *168*

심리적 부담감 해소　189

- ① 중국어 울렁증을 극복하는 방법 *191*
- ② 성인도 아이만큼 외국어를 잘 배울 수 있다 *195*

무엇을, 어떻게, 연습해야 회화를 잘할 수 있을까??

중국어 고수들은 누구도 예외 없이 읽기의 중요성을 강조한다. 하지만 한 걸음 더 나아가 무엇을 어떻게 읽어야 회화에 도움이 되는지는 명확하게 답변하지 못한다. 대부분 닥치는 대로 읽다 보면 저절로 좋아진다고 말한다. 하지만 연습도 효율적이어야 한다. 무엇을 어떻게 읽고 연습해야 회화에 실질적으로 도움이 되는지를 알아야 한다.

01 발음의 변화에 초점을 맞춰라.

읽기는 말하기의 전 단계로서 큰 소리로 천천히 읽는 게 좋다. 이 때 주의할 것은 발음의 변화와 리듬감이다. 언어의 흐름에서 자연스러움은 발음의 변화를 동반한다. 우리말은 글자의 맞춤법 그대로 발음하면 어색하고 부자연스럽게 들린다. 중국어도 네 개의 성조를 정확히 발음한다고 유창하고 자연스럽게 들리지 않는다. 중국어도 발음의 변화가 존재하는 데, 자음과 모음보다 성조의 변화가 많은 편이다. 일정한 조건 하에서 성조가 변하는 변조(变调)와 언어의 흐름을 부드럽게 해주는 경성(轻声), 경음(轻音)을 잘 지키며 읽어야 한다. 이런 발음 변화가 뒷받침되어야 중국 사람처럼 자연스럽게 말할 수 있고, 듣기에도 유리하다.

아울러 리듬감을 살려야 한다. 중국어는 글자마다 고유의 음 높이(성조)가 있어 우리말과 달리 문장 전체가 경쾌하고 역동적인 느낌을 가진다. 유창한 회화는 결국 중국 사람들의 말투를 모방하는 것이다. 중국 사람들의 억양 패턴을 잘 듣고 그대로 따라 하면서 리듬감을 익히자.

회화 연습을 한 마디로 정리하면, 중국사람 흉내 내기이다.

02 읽기와 말하기는 다르다.

회화에 자신이 없는 학습자는 자신에게 반문해 보라. <과연 나는 얼마나 많은 말하기 연습을 했는가?> 외국어를 유창하게 말하려면 **<입으로 거쳐야 할 연습 단계>**가 있다. 교재 몇 권 보고 머리로 이해했다고 자신의 입으로 술술 말할 수 있을 만큼 외국어가 간단하지 않다. 그래서 읽기와 말하기 연습이 강조된다. 다만 읽기와 말하기는 다르다. 문장을 유창하게 읽는다고 자연스럽게 말할 수 있는 건 아니다. 읽기가 눈으로 문장을 보며 입으로 순서대로 읽어내는 과정이라면, 말하기는 머릿속의 내용을 심리적인 부분(긴장감, 감정 표현 등)과 함께 입으로 전달하는 복합적인 과정이다. 유창하게 말하려면 먼저 전달할 문장을 완벽하게 이해(혹은 암기)하고 있어야 된다. 또한 상황에 맞게 감정을 실어 전달해야 자연스러운 회화가 된다.

읽기 연습이 끝나면 말하기 연습이 반드시 필요하다.

03 거울을 보며 말하기를 연습한다.

암기하고 있는 문장을 중국 사람 앞에서 말해보면 어색함과 긴장감을 느낀다. 이런 점을 극복하기 위해 거울 앞에서 말하기를 연습한다. 연극 배우가 대본 암기를 끝내면 거울 앞에 서서 실전처럼 연기 연습을 하는 이유가 바로 긴장감을 해소하고 자연스러움을 극대화하기 위함이다.

- 거울에 비친 자신의 모습을 중국 사람으로 가정하고 대화 연습을 진행한다. 길 묻기, 물건 사기 등 간단한 주제를 정해 실전처럼 진지하게 연습한다.
- 최대한 천천히 또박또박 발음하며, 실제 대화처럼 얼굴 표정도 다양하게 짓고 손동작도 활용하자. 이런 연습은 실전에서 많은 도움이 된다.
- 자신의 언어 템포를 일정하게 유지한다. 긴장감은 자신도 모르게 서두르게 된다. 말이 빨라지고 아는 단어 혹은 문장이 생각나지 않아 당황하게 된다. 짧은 문장부터 천천히 연습하자.

- 영화 혹은 드라마 속의 한 장면을 자신이 직접 중국어로 말해 보는 것도 효과적이다. 대사를 먼저 암기하고 실제 연기를 하듯 자연스럽게 말하도록 연습한다.

말하기 연습은 유창한 회화로 가는 지름길이다.

04 단계별 말하기 연습

① 네 글자 → 여섯 글자 → 여덟 글자 → 열 글자로 확장하며 연습한다.

회화가 익숙하지 못한 학습자는 여섯 글자 이상으로 구성된 문장을 유창하게 말하기가 어렵다. 먼저 네 글자로 이뤄진 문장부터 말하기를 해보자. 예를 들어 <你做什么?>, <我看电影>, <他要回家> 등이다. 네 글자 문장은 발음의 부담도 적고, <주어 + 동사 + 목적어>로 문장을 구성할 수 있어 최소한의 의사소통도 가능하다. 네 글자가 익숙해지면 여섯 글자, 여덟 글자, 열 글자 이상으로 확장해 가며 연습한다. 이런 단계별 연습은 회화의 유창성을 끌어올리는 데 효과적이다. 또한 글자 수가 늘어날수록 포함되는 문법 요소와 단어가 증가하여 자신의 중국어 표현력도 좋아진다.

② 서론 --> 본론 --> 결론 순으로 말하자.

말을 길게 하는 연습이다. 의외로 많은 학습자들이 소홀히 여기는 부분이다. 중급에서 고급 수준으로 올라가려면 자신의 생각을 정리하여 중국어로 다양하게 표현할 줄도 알아야 한다. 미리 주제를 정해놓고, 주제에 대한 개괄적인 설명 ---> 주변의 의견 ---> 자신의 생각 순으로 말하는 연습을 하자. 이 때 말을 길게 하려며 많은 표현 방식과 단어가 필요하다. 뉴스, 신문 등에서 여러 예문을 발췌하여 연습하면 좋다.

③ 반드시 복기를 한다.

　바둑에서 승패가 결정된 후 내용을 검토하기 위해 순서대로 다시 두는 걸 복기라고 한다. 회화에서 <복기>는 자신의 단점을 파악하고 보완하는 데 매우 중요하다. 상대방과 대화를 모두 재구성할 필요는 없다. 대화 도중 표현하고 싶었지만 표현하지 못했던 문장, 자신의 실수 혹은 아쉬웠던 점을 다시 한 번 상기하며 노트에 적어본다. 일종의 <오답 노트>로서 자신의 단점을 한눈에 파악할 수 있다. 상대방이 자신의 단점을 고쳐주길 기대하지 말자. 본인이 자신의 단점을 적극적으로 찾아서 고쳐야 실력도 빨리 향상된다.

장점은 살리고 단점을 줄여야 고급 수준으로 올라갈 수 있다.

05 기본기에 투자해라.

　무술을 배워 부모님의 원수를 갚겠다고 소림사에 가보라, 처음부터 무술 가르쳐주나…… 물 길어오기, 빨래, 청소 등등, 여러 잡일을 먼저 시킨다. 얼핏 무술과 무관한 것 같지만 이런 일들은 체력과 유연성을 기르는 기초 연습이다. 이런 기초 위에 한 동작 한 동작 연습을 거듭하여 공중으로 붕붕 날아다니는 고수로 성장한다.

　중국어를 배우는 목적이 무엇이든 기본기가 충실해야 발전도 빠르고 좋은 결과를 거둘 수 있다. 기본을 소홀히 하면 처음에는 진도가 빠른 것처럼 보이지만 갈수록 실력이 정체되고 더 이상 발전이 없다. 결국 처음부터 다시 시작해야 하는 수고를 반복해야 한다. 발음이 부정확해서 문장을 제대로 읽지도 못하는데 어떻게 회화를 할 수 있으며, 기초 문형도 제대로 활용하지 못하면서 어떻게 상황별로 다양한 표현을 할 수 있을까?? 회화를 잘하고 싶다면 기본기에 투자해라.

기본기는 실력을 한 단계 높여주는 디딤돌이 될 수도, 실력 향상을 가로막는 걸림돌이 될 수도 있다.

06 작은 행동이 꾸준함을 만든다.

중국어 학습에는 여러 방법과 비법이 존재하지만, 이 모두를 아우르는 단 한 가지는 꾸준함이다. 열심히 하는 것도 중요하지만 꾸준함이야말로 학습자에겐 최고의 비법이다. 우리는 현재 인터넷으로 연결된 글로벌 세계에 살고 있다. 중국어 관련 자료(영상, 문서 등)는 언제 어디서든 실시간으로 접할 수 있다. 두꺼운 종이 사전도 필요 없다. 바다 건너 중국인과 자유롭게 소통할 수 있을 만큼 학습 환경도 잘 구축되어 있다. 하지만 이 모든 것도 본인이 어떻게 활용하느냐, 또 얼마나 연습을 꾸준히 지속하느냐에 달렸다.

꾸준함은 작은 행동에서 비롯된다. 하루에 단어를 20개씩 외우기로 결심했다면, 반드시 외우겠다는 굳은 의지가 중요한 게 아니다. 가방에서 단어장을 꺼내는 작은 행동이 필요하다. 기왕에 꺼냈으니 단어 몇 개라도 외워 보자는 생각이 본인의 계획을 지속하게 만든다.

작은 행동이 꾸준함을 만들고, 꾸준함은 습관이 된다.

07 조급함과 실망감을 이겨내자.

어떤 외국어를 막론하고 단기간에 회화 수준을 획기적으로 끌어올리는 건 한계가 있다. HSK 같은 지식 축적형 공부라면 가능하지만 말하기, 듣기 등 회화는 오랜 시간 꾸준히 연습해야만 일정 수준에 오를 수 있다. 꾸준히 연습하기 위해서는 확고한 목표와 동기 부여가 있어야 한다. 여기에 조급함과 실망감도 이겨내야 한다. 도대체 어느 정도 공부해야 중국인과 대화를 할 수 있을까? 몇 년을 했는데도 여전히 회화가 어려운데 어떡하지 등등...... 누구든지 실력이 늘지 않고 정체되는 슬럼프를 겪게 된다. 이 때 마음 한 구석에서 스멀스멀 피어나는 조급함과 실망감이 자신의 학습 의지를 희석시키고, 결국 포기의 길로 접어들게 한다.

외국어 학습의 가장 큰 적은 조급함과 실망감이다. 자신의 마음을 추스르고 다시 시작하자. 연습 방법을 바꿔 보는 것도 좋고, 학습 계획을 다시 짜도 좋다. 기억할 건 학습 계획은 반드시 실천 가능하도록 구체적으로 세워라. 차근차근 계획을 실천해 나가는 끈기와 인내가 필요하다.

마지막으로 좀 더 잘하고 싶은 간절한 마음이 필요하다. 중국어에 대한 열정과 간절함이 바로 당신의 선생님이고 원동력이다. 열정이 식으면 아무리 좋은 재능을 가지고 있어도 꽃을 피울 수가 없다.
외국어는 본래 시간이 오래 걸린다, 꾸준히 연습하는 사람만이 잘한다는 사실을 잊지 말자.

원어민 녹음 파일(mp3) 무료 다운로드

홈페이지 (sttbooks.modoo.at) 접속 → 메인 화면의 다운로드 클릭 → 구글 드라이브 화면으로 이동 → 중국어 회화 비법 mp3 클릭 → 화면 우측 상단의 다운로드 버튼 ⬇ 클릭 → 녹음 파일 다운로드

유창하게 말하기 위한 읽기 연습은 각 성조의
연결과 발음의 변화가 중요하다.
각 성조들을 하나의 실선으로 연결하듯 이어서 발음한다.
아울러 발음의 변화도 주의하여 유창하게 읽어보자.

성조 연결 연습

01 성조는 연결과 흐름이다.

중국어 학습에서 발음을 단기간에 안정시키고 문장 구성에 대한 이해력을 높이는 데 읽기 연습만큼 효과적인 게 없다. 다만 회화 능력을 향상시키기 위한 읽기 연습은 일반적인 낭독과 조금 다르게 접근해야 한다. 중국어를 말하는 것은 책을 읽는 것과 다르기 때문이다.

01 효율적인 읽기 연습

낭독은 비교적 큰 소리로 또박또박 읽어야 하며, 내용에 따라 문장을 끊어 읽거나, **停顿**(잠시 멈춤), 강약 조절 등 적절한 호흡과 일정한 리듬을 동반한다. 반면 회화는 낭독보다는 조금 빠른 템포로 문장 전체를 한 번의 호흡으로 매끄럽게 말해야 한다. 그래서 회화를 위한 읽기 연습은 긴 문장보다 열 글자 내외의 짧은 문장을 집중적으로 읽는 게 오히려 효과적이다. 이때 중요한 것은 각 성조를 물 흐르듯 부드럽게 연결시켜 말해야 한다. 회화가 유창하지 못한 학습자는 대부분 각 성조의 연결이 매끄럽지 못하다.

여기에는 연습 부족이 가장 큰 원인이지만, 좀 더 근본적인 이유는 **학습자들이 각 성조를 4개의 부호(ˉ , ˊ , ˇ , ˋ)로 인식한다. 이로 인해 음의 높낮이와 곡선 모양만을 염두에 두고 한 글자 한 글자 개별적으로 발음하는 데 있다.** 결국 각 성조 간의 연결이 부자연스럽고, 전체 문장을 하나의 흐름으로 매끄럽게 이어서 발음하지 못한다.

> 성조는 연결이다. 각 성조들이 하나의 실선으로 연결되어 있다고 생각하고 이어서 발음해 보자. 부드럽고 유창하게 말하는 데 도움이 된다.

02 성조의 연결과 변화에 주의하자

회화를 위한 읽기 연습에서 중요한 점은 각 성조의 매끄러운 연결과 자연스러운 발음의 변화이다. 유창한 회화는 반드시 발음의 변화가 따른다. 중국어도 4개의 성조를 정확하게 발음한다고 자연스럽게 들리지 않는다. 중국어 성조는 단독으로 읽을 때보다 여러 개를 이어서 발음할 때 변화가 나타난다.

> 첫째, 성조가 바뀌는 변조(变调)로서 제3성, 一, 不 등이 대표적이다.
> 둘째, 본래의 성조보다 음의 길이가 짧아지고 음의 높낮이도 변한다. 경성(轻声), 경음(轻音)이 여기에 해당한다.

특히 본래의 성조보다 음의 길이가 짧아지는 현상은 회화에서 많이 나타난다. 이로 인해 성조 간의 연결이 자연스러워지고 말하는 속도도 빨라진다. 우리가 중국 사람들의 중국어가 빠르고 글자의 성조가 불분명하거나 거의 없는 것처럼 들리는 이유가 바로 여기에 있다.

성조의 변화를 익히려면 먼저 각 성조를 부드럽게 연결해서 읽는 연습이 선행되어야 한다. 그 후 네 글자 → 여섯 글자 → 여덟 글자 순으로 글자 수를 확장해 가며 읽기 연습을 한다. 여기에 경성(轻声), 경음(轻音) 동화(同化), 탈락(脱落) 등을 적절히 섞으며 회화의 자연스러움을 더한다. **중국 사람 못지않게 유창하고 자연스럽게 중국어를 구사하기 위해서는 반드시 발음의 변화를 잘 익혀야 한다.**

본 교재는 유창성을 향상시키기 위해 열 글자 내외로 구성된 문장을 자연스럽게 읽는 데 중점을 두고 설명한다.

02 두 글자 연습

성조와 성조를 하나의 실선으로 연결하듯 중간에 끊지 않고 이어서 발음한다. 이 때 성조별로 음의 길이가 서로 다르기 때문에 각 성조별로 음 길이도 잘 지켜서 발음한다. **초보 학습자들은 네 개의 성조를 동일한 음의 길이로 발음하는 단점이 있다.** 성조는 제3성의 길이가 가장 길고, 그 다음으로 제1성, 제2성, 제4성 순으로 음의 길이가 짧아진다. 성조의 음 길이는 문장 전체의 억양과 말하는 속도에 영향을 미친다.

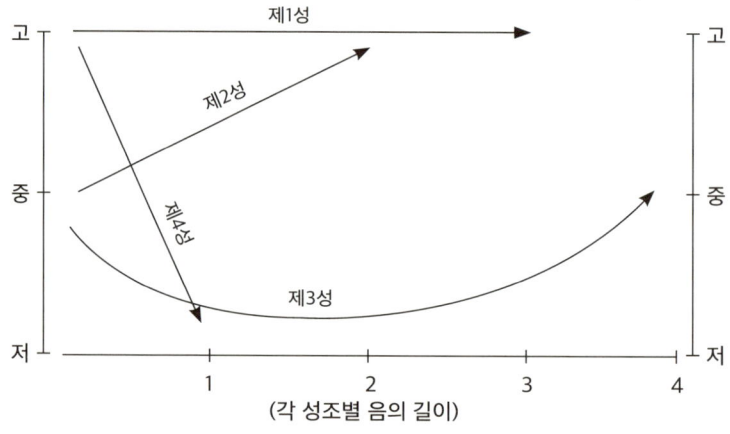

* 표의 세로축은 '음의 높이'를 나타내며, 가로축을 '음의 길이'를 표시한다.

◀ 연습POINT ▶

① 중간에 끊지 않는다.
- 각 성조의 음 꼬리와 음 머리를 잘 연결하여 읽는 데 초점을 맞춘다.
- 글자 위의 실선을 잘 보고 두 개의 성조를 이어서 발음한다.

② 거울을 보며 입술 모양에 주의한다.
- 입술을 옆으로 벌리거나 앞으로 동글게 오므리는 등 정확한 입술 모양이 좋은 소리를 만든다.
- <ü> 는 발음이 끝날 때까지 입술을 동글게 유지해야 한다.

01 음 높이가 비슷한 성조 조합의 연습

앞 성조 음 꼬리와 뒤 성조 음 머리의 음 높이가 비슷한 성조들을 결합하여 연습한다. 음 높이가 서로 비슷하여 이어서 발음하기가 용이하다.

1) 제2성 + 제1성

① 부드럽게 올라간 제2성의 음 꼬리가 제1성의 출발점이 된다.
② 제2성의 음 꼬리에서 음을 낮추거나 중간에 쉬지 않고 곧바로 제1성을 이어서 발음한다.

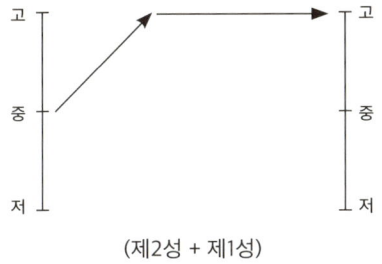

(제2성 + 제1성)

조합	예문			
제2성 + 제1성	chénggōng 成功	zuótiān 昨天	shíjiān 时间	liúxīn 留心

⚠️ 주의

뒤의 제1성을 짧게 발음하면 경성처럼 들릴 수 있다. 높고 길게 발음한다.

2) 제1성 + 제4성

① 제1성은 음 높이의 변화 없이 높고 길게 발음한다.
② 제1성의 음 꼬리에서 끊지 않고 바로 이어서 제4성을 짧고 강하게 발음한다.

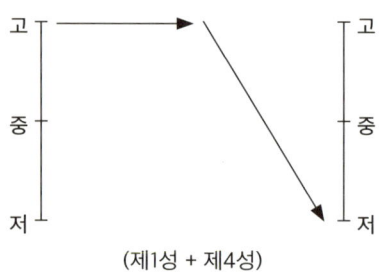

(제1성 + 제4성)

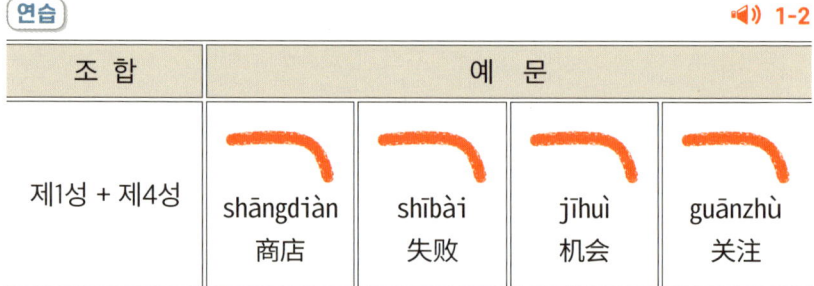

 주의

제4성은 단순히 짧고 강하게만 발음하는 게 아니다. 가장 낮은 음으로 내려와야 한다.

3) 제4성 + 제3성

① 제4성의 음 꼬리가 낮게 내려가야 제3성의 낮은 음 머리와 연결하기가 수월하다.
② 낮게 내려간 제4성의 음 꼬리에서 끊지 않고 바로 이어서 제3성을 낮고 길게 발음한다.

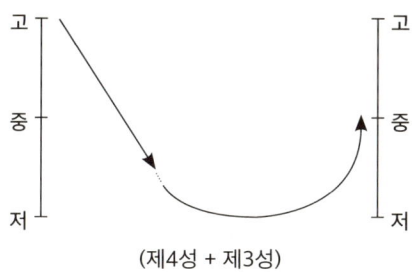
(제4성 + 제3성)

조 합	예 문			
제4성 + 제3성	jiàodǎo 教导	jiàshǐ 驾驶	Hànyǔ 汉语	duìzhǎng 队长

 주의
제3성은 가장 긴 성조로서 낮은 음이 길게 유지되도록 발음한다.

4) 제3성 + 제2성

① 음 꼬리가 올라가는 제3성의 특징을 이용하여 제2성의 음 머리와 연결하여 발음한다.
② 제3성의 음 꼬리를 의식적으로 높이 올리지 않는다. 제3성을 낮고 길게 발음하면 음 꼬리가 살짝 올라간다. 이 때 제2성의 음 머리와 자연스럽게 연결하여 발음한다.

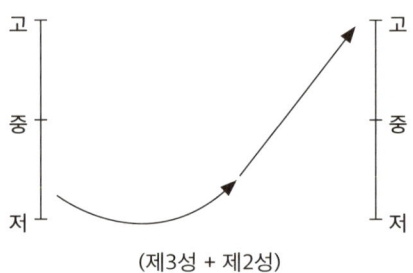

(제3성 + 제2성)

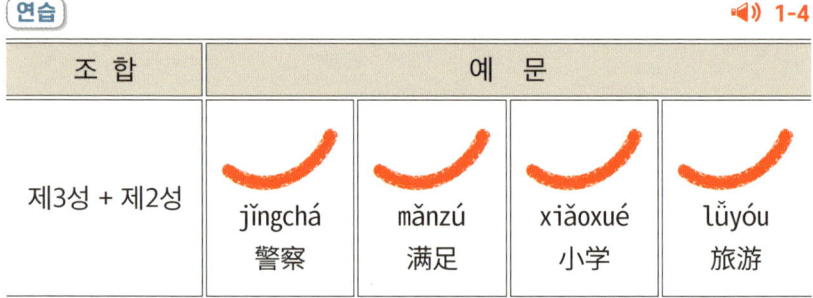

 주의

제3성은 낮은 음이 길고 약간 늘어지듯 발음되는 특징으로 뒤의 제2성도 늘어질 수 있다. 제2성은 조금 빠르고 경쾌하게 올려서 발음한다.

5) 제2성 + 제4성

① 높이 올라간 제2성의 음 꼬리에서 끊지 않고 바로 제4성의 음 머리로 연결하여 발음한다.
② 음이 올라갔다 내려오는 느낌을 리드미컬하게 표현한다.

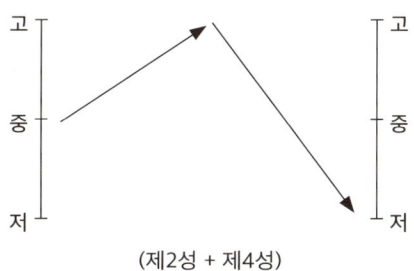

(제2성 + 제4성)

조 합	예 문			
제2성 + 제4성	láiqù 来去	xuéfèi 学费	qíngkuàng 情况	nénglì 能力

6) 제4성 + 제2성

① 낮게 내려간 제4성의 음 꼬리에서 바로 제2성의 음 머리로 연결하여 발음한다.

② 공이 바닥을 튕기며 올라가듯 제2성을 빠르고 경쾌하게 올려서 발음한다.

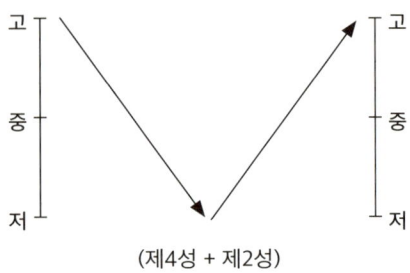

(제4성 + 제2성)

연습　　　　　　　　　　　　　　　　　　　　　　1-6

조 합	예 문				
제4성 + 제2성	dàodá 到达	dìtú 地图	zàilái 再来	xìngfú 幸福

 주의

제2성+제4성, 제4성+제2성은 음이 올라갔다 내려오는 등 중국어 특유의 리듬감을 느낄 수 있는 조합이다. 발음할 때 가볍고 경쾌한 느낌으로 연습한다.

7) 제1성 + 제1성

① 발음 요령 : 두 개의 제1성을 하나의 실선으로 연결하듯 길게 이어서 발음한다.

② 두 개의 성조를 동일한 음 높이와 음의 길이로 발음한다.

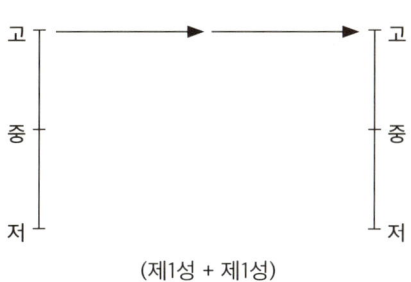

(제1성 + 제1성)

연습　　　　　　　　　　　　　　　　　　　1-7

조 합	예 문			
제1성 + 제1성	yīnggāi 应该	kāfēi 咖啡	kāiguān 开关	duōchī 多吃

 주의

앞의 제1성이 짧으면 제4성처럼 들릴 수 있고, 뒤의 제1성이 짧으면 경성처럼 들릴 수 있으니 주의한다.

02 음 높이가 다른 성조 조합의 연습

성조 간의 음 높이 차이를 줄이고 부드럽게 연결하기 위해 변화가 나타난다. 주로 앞 성조의 음 꼬리가 살짝 내려가고, 뒤 성조의 음 머리가 약간 올라가는 등 간극을 줄이려 서로 근접하는 변화를 보인다. 이런 성조 조합은 연결이 까다로워 많은 연습이 필요하다.

1) 제1성 + 제3성

① 가장 높은 음 꼬리와 가장 낮은 음 머리의 연결이다. 제1성을 높고 길게 발음하다가 끝부분에서 음 꼬리를 살짝 낮춰 제3성의 음 머리에 맞춘다.
② 제3성의 낮은 음 머리가 살짝 올라가며 제1성의 음 꼬리와 연결하여 발음한다. 이 때 제3성의 음 꼬리를 의식적으로 높이 올려서 발음하지 말고 낮은 음을 늘어지듯 길게 발음한다.

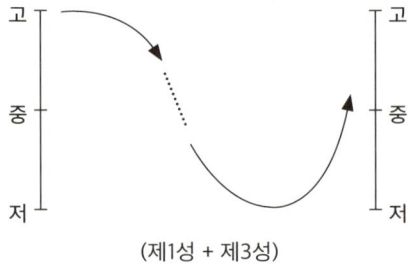

(제1성 + 제3성)

연습 🔊 2-1

조 합	예 문			
제1성 + 제3성	bāngnǐ 帮你	duōjiǔ 多久	jīnwǎn 今晚	dōuyǒu 都有

 주의

제3성의 음 꼬리가 너무 높이 올라가면 제2성과 구분이 어렵다.

2) 제2성 + 제3성

① 제2성을 발음한 후, 높아진 음 꼬리를 재빨리 낮춰 제3성의 음 머리와 연결한다.

② 높아진 제2성의 음 꼬리와 연결하기 위해 제3성의 음 머리가 약간 높아질 수 있다. 연결된 후에는 제3성을 낮고 길게 발음한다.

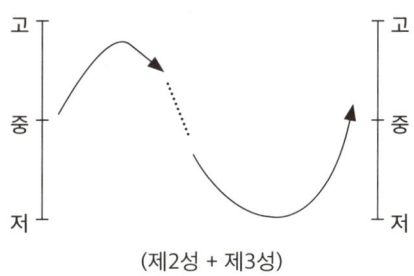

(제2성 + 제3성)

조 합	예 문			
제2성 + 제3성	níhǎo 你好	Hányǔ 韩语	chéngběn 成本	yóulǎn 游览

 주의

뒤의 제3성이 너무 짧게 발음되지 않도록 주의한다.

3) 제3성 + 제4성

① 제3성을 낮고 길게 발음한 후, 살짝 올라간 음 꼬리를 재빨리 높이 올려 제4성의 음 머리와 연결한다.

② 제3성을 발음 후 낮아진 음 꼬리로 인해 제4성의 음 머리가 본래의 음 높이까지 올라가지 않는다.

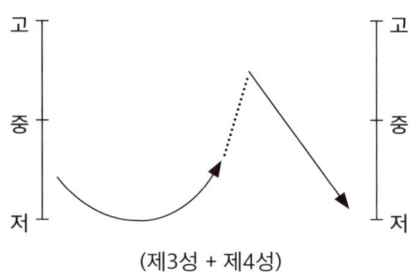

(제3성 + 제4성)

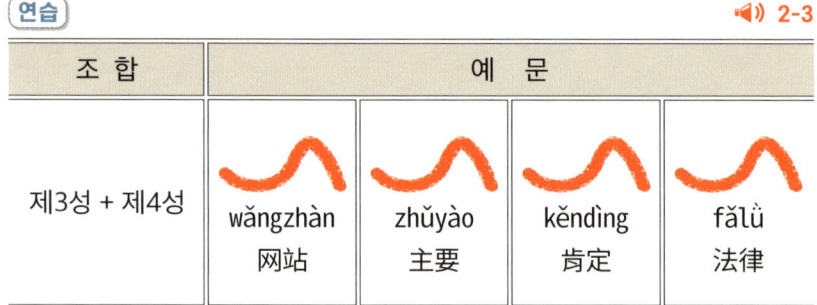

조합	예문			
제3성 + 제4성	wǎngzhàn 网站	zhǔyào 主要	kěndìng 肯定	fǎlǜ 法律

 **주의**

뒤의 제3성이 너무 짧게 발음되지 않도록 주의한다.

4) 제4성 + 제1성

① 낮게 내려간 제4성의 음 꼬리를 재빨리 올려서 제1성의 음 머리와 연결한다.
② 제4성의 음 꼬리가 낮아 이어지는 제1성의 음 머리도 본래의 높이만큼 올라가지 않지만, 너무 낮게 발음하지 않도록 주의한다.

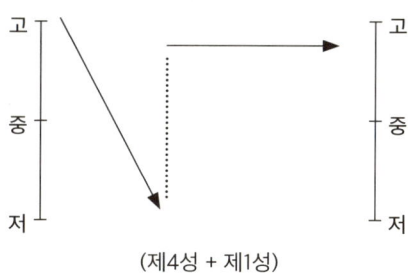

(제4성 + 제1성)

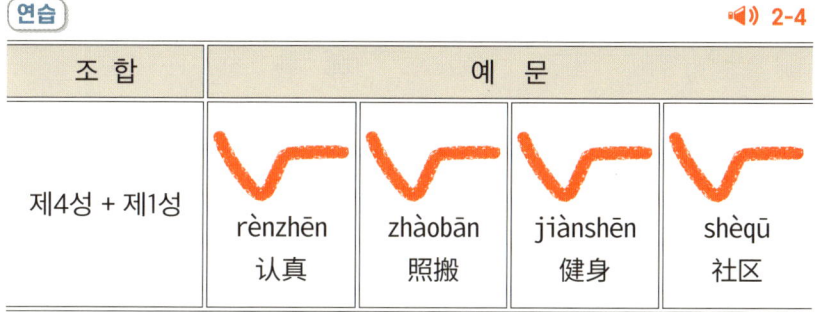

조 합	예 문			
제4성 + 제1성	rènzhēn 认真	zhàobān 照搬	jiànshēn 健身	shèqū 社区

5) 제1성 + 제2성

① 발음 요령 : 제1성을 높고 길게 발음하다가 음 꼬리를 살짝 낮춰 제2성 음 머리에 맞추고 재빨리 올려서 발음한다.
② 앞의 제1성을 짧거나 낮게 발음하면 제4성처럼 들릴 수 있으니 주의한다.

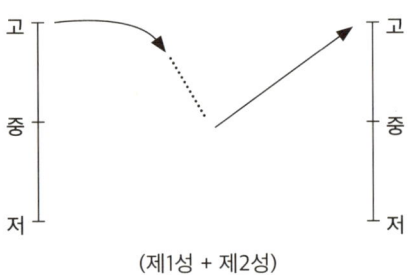

(제1성 + 제2성)

연습 ◀)) 2-5

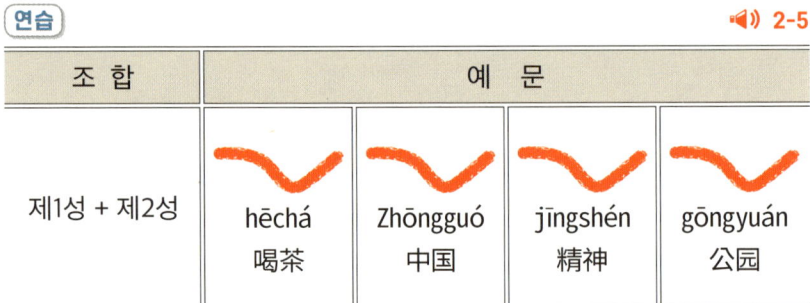

조 합	예 문			
제1성 + 제2성	hēchá 喝茶	Zhōngguó 中国	jīngshén 精神	gōngyuán 公园

6) 제2성 + 제2성

① 제2성을 발음한 후, 음 꼬리를 재빨리 낮춰 뒤의 제2성 음 머리에 맞추고 바로 이어서 제2성을 발음한다.

② 뒤의 제2성이 앞의 제2성보다 조금 짧아진다.

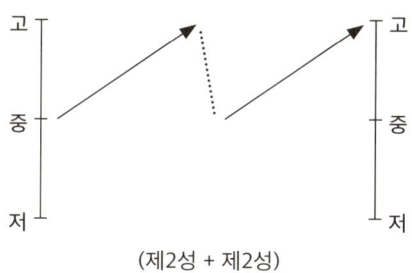

(제2성 + 제2성)

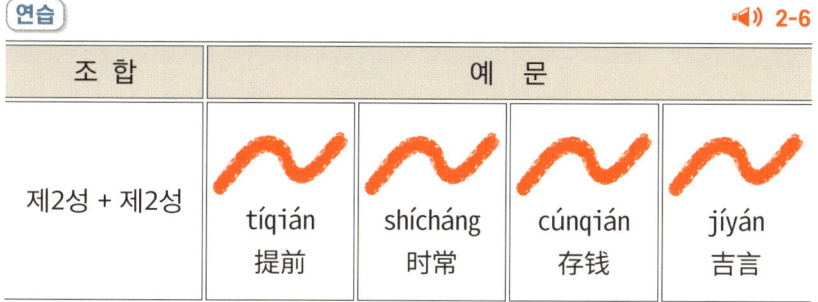

뒤의 제2성을 짧게 발음하면 경성처럼 들릴 수 있으니 주의한다.

7) 제3성 + 제1성

① 제3성을 낮고 길게 발음하다가 음 꼬리를 살짝 올려 제1성의 음 머리에 맞추고 제1성을 높고 길게 발음한다. 이 때 제1성의 음 높이가 본래의 음 높이만큼 올라가지 않는다.

② 제3성의 음 꼬리는 뒤 성조의 영향으로 거의 소멸되어 半3성으로 변한다.

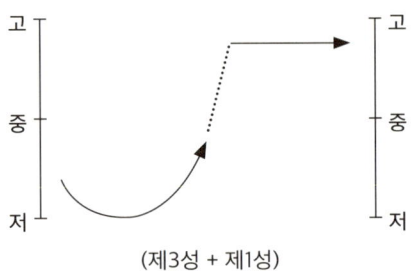

(제3성 + 제1성)

연습 2-7

조 합	예 문			
제3성 + 제1성	lǎoshī 老师	guǒzhī 果汁	xiǎoxīn 小心	sǎngyīn 嗓音

⚠ 주의

제3성의 음 꼬리를 너무 올려서 발음하면 제2성으로 들릴 수 있고, 제1성을 짧게 발음하면 경성으로 들릴 수 있으니 길게 발음한다.

8) 제4성 + 제4성

① 첫 번째 제4성의 음 꼬리를 너무 낮게 발음하지 말고, 중간 정도 음 높이까지 발음한 후 바로 뒤의 제4성 음 머리와 연결하여 발음한다.
② 뒤 제4성의 음 머리는 앞 제4성의 낮아진 음 꼬리의 영향으로 높이 올라가지 않는다. 이로 인해 하나의 제4성을 마치 전반부, 후반부로 나누어 발음하는 느낌으로 연습한다.

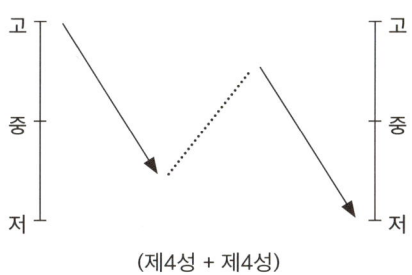

(제4성 + 제4성)

연습 2-8

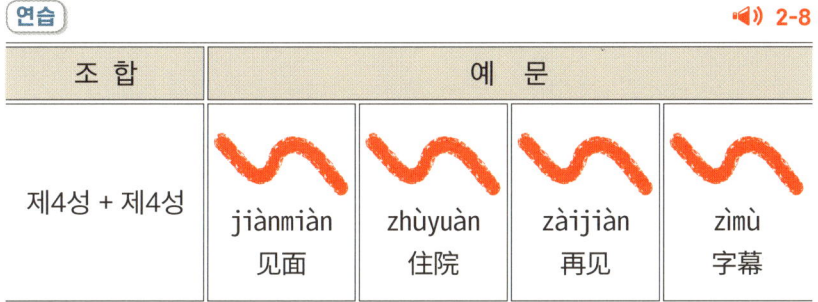

조 합	예 문			
제4성 + 제4성	jiànmiàn 见面	zhùyuàn 住院	zàijiàn 再见	zìmù 字幕

※ 제3성 + 제3성은 변조 규칙에 따라 제2성 + 제3성으로 발음한다.

03 네 글자 연습

    네 개의 성조를 부드럽게 연결하여 읽는 연습은 회화의 유창성을 향상시키는 기초가 된다. 빨리 읽는 건 중요하지 않다. 각 성조들의 부드러운 연결에 초점을 맞춰 천천히 읽어보자.

◀ 연습POINT ▶

① 각 성조들을 하나의 실선으로 연결하듯 이어서 발음한다.
- 각 글자의 성조를 명확히 발음하되, 한 글자씩 끊어 읽지 않는다.
- 각 성조별로 길고 짧게, 높고 낮음을 잘 유지하면서 부드럽게 연결하는 데 중점을 둔다.

② 첫 글자를 명확하게 발음한다.
- 첫 글자를 명확하게 발음하는 습관은 회화에서 매우 중요하다. 첫 글자의 성조가 불분명하면 다른 성조와 연결에도 영향을 미친다.
- 제1성과 제3성처럼 음의 길이가 긴 성조가 첫 번째로 나올 때 짧게 발음하지 않도록 주의한다.

③ 변조에 주의한다. (56쪽 참고)
- 제3성이 연이어 발음될 때 앞의 제3성은 제2성으로 변한다.
- <一>는 제1성이지만 제4성 앞에 올 때는 제2성으로, 제1성, 제2성, 제3성 앞에 올 때는 제4성으로 변한다.
- <不>는 제4성이지만 제4성 앞에 올 때는 제2성으로 변한다.

1) 제2성 + 제1성 + 제4성 + 제3성

위와 같은 순서로 성조를 늘어놓으면 음 꼬리와 음 머리의 음 높이가 서로 비슷하다는 걸 알 수 있다. 네 개의 성조를 끊지 않고 부드럽게 이어서 발음할 수 있다.

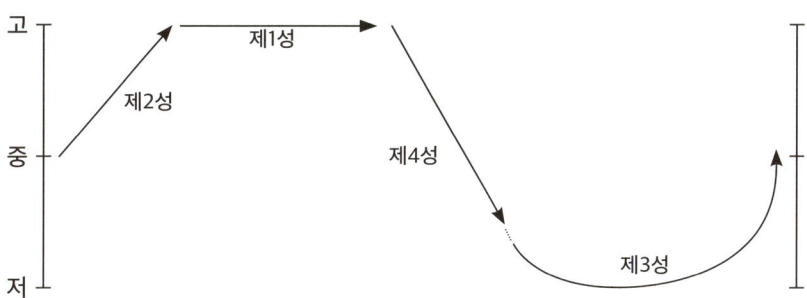

연습

🔊 3-1

líxiāngbèijǐng 离乡背井	chóngxiūjiùhǎo 重修旧好	záguōmàitiě 砸锅卖铁
mántiānguòhǎi 瞒天过海	qiángshēnjiàntǐ 强身健体	lángduōròushǎo 狼多肉少

단어 해설

离乡背井 : 고향을 등지고 떠나다.
重修旧好 : (친분, 애정 등) 관계를 회복하여 사이가 좋아지다.
砸锅卖铁 : (자신이 가진) 모든 것을 내놓다, 빈털터리가 되다.
瞒天过海 : 속이다, 기만해위를 하다.
强身健体 : 신체를 건강하게 단련하다.
狼多肉少 : 사람은 많은데 나눠 줄 물건은 적다.

2) 제4성 + 제3성 + 제2성 + 제1성

네 개의 성조를 아래와 같이 늘어놓으면 음 꼬리와 음 머리의 음 높이가 서로 비슷하여 부드럽게 연결하여 발음할 수 있다.

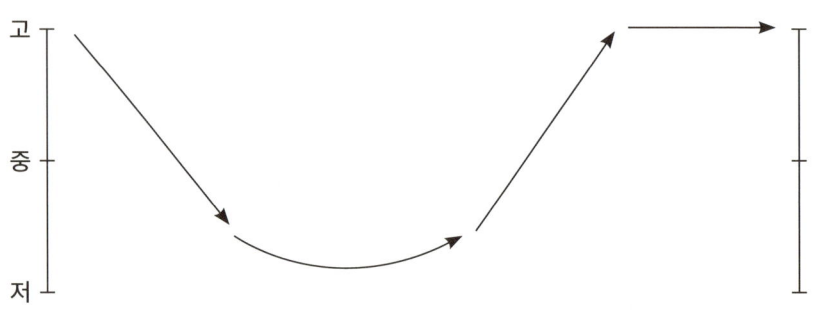

연습 🔊 3-2

nìshuǐxíngzhōu 逆水行舟	xiùshǒupángguān 袖手旁观	bàoyǔkuángfēng 暴雨狂风
xìnyǐwéizhēn 信以为真	diànzǐyóuxiāng 电子邮箱	jùshǎochéngduō 聚少成多

 **주의**

처음에 나오는 제4성을 낮게 발음해야 음 머리가 낮은 제3성과 연결이 쉬워진다. 또한 마지막 제1성을 짧게 발음하지 않도록 주의한다.

단어 해설

逆水行舟 : 배를 타고 물을 거슬러 올라간다.
袖手旁观 : 수수방관하다, 남의 일에 관여하지 않다.
暴雨狂风 : 폭우와 광풍, 어려움, 난관 등을 비유한다.
信以为真 : (가짜, 거짓 등을) 진짜로 믿다.
电子邮箱 : 전자 우편, E-mail
聚少成多 : 티끌 모아 태산

3) 제1성 + 제2성 + 제3성 + 제4성

위의 성조 조합은 음 꼬리와 음 머리의 음 높이가 서로 다르다. 음 꼬리와 음 머리의 간극을 줄이면서 부드럽게 이어서 발음한다.

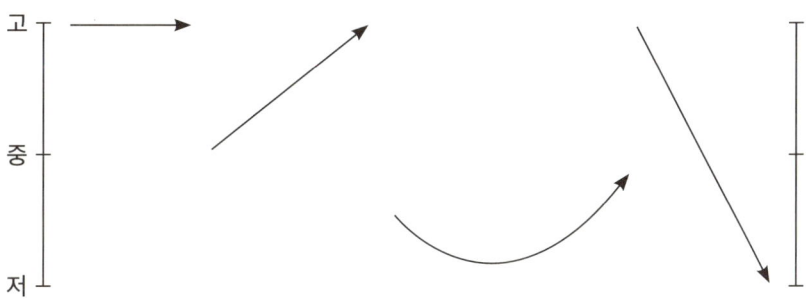

3-3

bīngqiángmǎzhuàng 兵强马壮	tārén hǎoyì 他人好意	guāngmínglěiluò 光明磊落
zhūrúcǐlèi 诸如此类	xīnzhíkǒukuài 心直口快	shēnmóuyuǎnlǜ 深谋远虑

⚠ 주의

위의 조합은 음 꼬리와 음 머리의 간극이 비교적 크다. 각 성조들을 천천히 발음하며 부드러운 연결에 중점을 두고 연습한다.

단어 해설

兵强马壮 : 병사가 강하고 군마가 용맹하다, 군대가 매우 강하다.
他人好意 : 타인의 호의
光明磊落 : 공명정대하다, 떳떳하다.
诸如此类 : 대부분 이런 종류와 같다.
心直口快 : 성격이 시원시원하고 솔직하다.
深谋远虑 : 깊게 생각하고 멀리 내다본다, 계획이 주도면밀하다.

4) 혼합형

네 개의 성조를 무작위로 나열한 것으로 일상 회화에서 자주 접하는 성조 조합이다. 발음 연습이 곧 회화 연습이다.

※ 변조는 실제 발음과 상관 없이 본래의 성조로 표기하였다.

연습 - 1　　　　　　　　　　　　　　　　　🔊 3-4

Tā kàn diànyǐng 他看电影	Wǒ xué Zhōngwén 我学中文	Nǐ hē kāfēi 你喝咖啡
Tiānqì hěn rè 天气很热	Ài tīng yīnyuè 爱听音乐	Lǎoshī zài jiā 老师在家
Bù chī wǎnfàn 不吃晚饭	Wǒ yě kàn bào 我也看报	Tā yào huíjiā 他要回家
Méidài yǔsǎn 没带雨伞	Chéngjī bùcuò 成绩不错	Gōngzuò hěn máng 工作很忙
Wǒ bùtài è 我不太饿	Tā shì xuéshēng 她是学生	Jǐ yuè jǐ hào 几月几号
Tā xiǎng jiéhūn 他想结婚	Yīqǐ zǒulù 一起走路	Wǒ bùnéng qù 我不能去
Wǒ yě hěn hǎo 我也很好	Rénmínxìngfú 人民幸福	Dōngnánxīběi 东南西北

단어 해설

咖啡 : 커피
雨伞 : 우산
成绩 : 성적
饿　 : 배고프다

연습 - 2 🔊 3-5

Shēntǐ bù hǎo 身体不好	Xiànzài jǐ diǎn 现在几点	Xiǎng dǎ diànhuà 想打电话
Xué pǔtōnghuà 学普通话	Zhēn bù róngyì 真不容易	Míngtiān xiàyǔ 明天下雨
Tā yě bù mǎi 他也不买	Xiàcì zài lái 下次再来	Jiārén dōu hǎo 家人都好
Tā qù shāngdiàn 他去商店	Dōu xué Hànyǔ 都学汉语	Bù mǎi shuǐguǒ 不买水果
Tā jiào Lǐ hóng 她叫李红	Hǎo jiǔ bù jiàn 好久不见	Duō dà niánjì 多大年纪
Tā zài xuéxiào 他在学校	Zài shuō yī biàn 再说一遍	Bù hǎo biǎodá 不好表达
Zài jiā kàn shū 在家看书	Liǎng diǎn chūfā 两点出发	Qù Yíhéyuán 去颐和园

단어 해설

普通话 : 현대 중국어의 표준어
容易　: 쉽다. 용이하다
水果 : 과일
年纪　: 나이
遍 : (동작의 시작과 끝, 전 과정을 말한다) 번, 회
表达　: (생각, 감정 등) 표현하다, 나타내다
颐和园 : 이화원

연습 - 3 🔊 3-6

Qǐng děng yī xià 请等一下	Tīngshuō tā lái 听说她来	Qí zìxíngchē 骑自行车
Huànchē fāngbiàn 换车方便	Bù lěng bù rè 不冷不热	Dǎ pīngpāngqiú 打乒乓球
Wàimiàn fēng dà 外面风大	Fángjiān hěn zāng 房间很脏	Nà hái yòng shuō 那还用说
Huì shuō Rìyǔ 会说日语	Kāichē xiǎoxīn 开车小心	Tā shì yīshēng 他是医生
Jīntiān yǒu kòng 今天有空	Nǔlì xuéxí 努力学习	Guòhǎo chūnjié 过好春节
Yālì tài dà 压力太大	Zuò Zhōngguó cài 做中国菜	Zuìjìn hěn lèi 最近很累
Jiā zhù Běijīng 家住北京	Wǒ qù jīchǎng 我去机场	Dǎ tàijíquán 打太极拳

단어 해설

换车 : 차를 갈아타다
方便 : 편리하다
乒乓球 : 탁구
脏 : 더럽다, 지저분하다
日语 : 일본어
春节 : 춘절
压力 : 압력, 스트레스
太极拳 : 태극권

연습 - 4 🔊 3-7

Tā shuì lǎnjiào 他睡懒觉	Wǒ bèi dāncí 我背单词	Zuò fēijī qù 坐飞机去
Tā jiāo Yīngyǔ 她教英语	Chī fāngbiànmiàn 吃方便面	Jǐ diǎn shuìjiào 几点睡觉
Xiàwǔ yǒu kè 下午有课	Wēnxí gōngkè 温习功课	Gōnggòng qìchē 公共汽车
Lí jiā bù yuǎn 离家不远	Xiān zuò dìtiě 先坐地铁	Zuótiān xiàxuě 昨天下雪
Wèntí bù dà 问题不大	Bāng wǒ tuījiàn 帮我推荐	Bù chī xiāngcài 不吃香菜
Shíjiān bù zǎo 时间不早	Pǎo dào xuéxiào 跑到学校	Zhǔnbèi wǎnfàn 准备晚饭
Bùyòng zháojí 不用着急	Hěn huì zuò cài 很会做菜	Yínháng hěn yuǎn 银行很远

단어 해설

睡懒觉 : 늦잠 자다
背　　 : (단어 등) 외우다
方便面 : 인스턴트 라면
温习　 : 복습하다
推荐　 : 추천하다
香菜　 : 고수
着急　 : 서두르다, 조급해하다

회화의 유창함은 발음의 변화가 뒷받침되어야 한다.
경성, 경음, 변조, 탈락, 동화 등을 잘 익혀야
중국 사람처럼 자연스럽게 말할 수 있다.

발음의 변화

01 언어 흐름의 윤활유

많은 학습자가 일상 생활(혹은 영화, 드라마)에서 접하는 중국 사람의 발음이 교재에서 배웠던 발음과 조금 다르다는 걸 느낀다. 대부분 **말이 매우 빠르고 어떤 글자들은 성조가 거의 없는 것처럼 들린다.** 이런 현상은 말을 빨리 하는 개인의 언어 습관도 있지만 근본적으로 성조의 변화와 연관이 있다. 중국어는 의사 전달에 큰 영향을 미치지 않는 글자의 성조는 음 길이가 본래보다 짧아지고 음의 높낮이도 변한다.

성조의 음 길이가 짧아지면 문장 전체의 말이 빨라지고, 음의 높낮이에도 변화가 생겨 성조가 불분명한 것처럼 들린다. 이런 변화는 **경성(轻声), 경음(轻音)**으로 설명할 수 있다. 우리말도 모든 글자를 또박또박 정확하게 발음하며 말하지 않는다. 어떤 글자들은 발음을 불분명하게 해도 의사 전달에 문제가 없고, 오히려 더 자연스럽게 들린다는 걸 생각하면 이해가 될 것이다.

아울러 성조가 바뀌는 **변조(变调)**, 자음과 모음에 영향을 미치는 **동화(同化), 탈락(脱落)** 등등, 여러 발음 변화 현상도 함께 연습하여 회화에 자연스러움을 더한다. 이런 발음의 변화는 중국어를 더욱 유창하게 만들어 주는 필수 요소이다. 또한 발음의 변화 규칙을 제대로 이해해야 듣기에도 도움이 된다.

01 경성, 경음의 역할

경성과 경음은 본래의 성조보다 약하고 짧게 발음하는 특징으로 음의 높낮이와 음 길이에 변화가 생긴다. **회화에서 경성(轻声)과 경음(轻音)은 문장 전체의 흐름을 빠르게 하고 억양을 부드럽게 만든다.** 이로 인해 경성과 경음은 언어 흐름의 윤활유 같은 존재이다.

또한 소리가 본래보다 작아지는 경성과 경음은 문장 속에서 각 글자들의 강약을 두드러지게 대비시키는 효과도 있다. 이 때문에 중국어는 우리가 듣기에 매우 역동적인 느낌을 받는다. 이렇게 중국어를 중국어처럼 들리게 하고, 중국 사람처럼 말하려면 이 두 가지 요소는 반드시 익혀야 한다.

경성과 경음은 얼핏 비슷해 보이지만 동일한 개념은 아니다. 경성은 단어 구성, 문법의 영향, 의미 구분 등과 관련이 있어 고정적인 면이 있는 반면, 경음은 의사 전달에 영향을 미치지 않는 범위에서 비교적 자유롭게 나타난다.

> **참고**
>
> 중국의 저명한 음성학 교수인 서세용(徐世荣)은 다음과 같이 경성과 경음의 차이점을 설명한다. 청각적으로 구별할 때 경성이 원래의 성조 특징을 완전히 잃어버리고 매우 짧고 약하게 발음된다면, 경음은 본래의 성조 특성을 조금 유지한 채 음의 길이가 짧아지고 약하게 발음된다. 경성과 경음을 명확히 구분 짓기란 쉽지 않지만, 모두 언어의 흐름에 영향을 미치는 요소이다.

02 경성

대다수의 학습자들은 경성을 일부 가족 명칭과 몇몇 조사 등등 수많은 중국어 단어 중 일부라고만 여긴다. 이런 편견 때문에 언어의 흐름 속에서 중요한 역할을 담당하는 경성을 제대로 활용하지 못한다. 하지만 자연스럽게 중국어를 구사하려면 경성은 반드시 필요하다. 우리말도 모든 글자를 정확히 발음하며 말하지 않듯이 중국어도 모든 성조를 정확히 발음하지 않는다. 어떤 글자가 경성으로 발음되며, 어떤 발음 특징이 있는지 알아본다.

경성의 특징

① 여러 원인(단어 구성, 문법의 영향, 지역적 차이 등)으로 본래의 성조 특징을 잃어버리고 약하고 짧게 발음한다.
② 경성으로 읽을 때와 본래의 성조대로 읽을 때 의미가 달라지는 등, 문법적인 요소도 가지고 있다.

본래 성조대로 발음할 경우	경성으로 발음할 경우
大意 (dàyì) - 대의, 주요 의미	大意 (dàyi) - 소홀히 하다
东西 (dōngxī) - 동쪽과 서쪽	东西 (dōngxi) - 물건
对头 (duìtóu) - 어울리다	对头 (duìtou) - 상대, 적수

[참고]

성조는 음의 높낮이 변화로서 성대(声带)의 울림과 연관이 있다. 경성으로 발음하면 성대의 울림이 본래보다 줄어들어 자음과 모음에도 영향을 미쳐 글자의 발음이 모호하게 들리기도 한다.

경성의 발음 요령

① 경성은 앞 글자의 성조에 따라 음 높이가 결정된다. 무조건 짧고 약하게 발음하면 어색하게 들릴 수 있으니 **앞 글자와 잘 이어서 발음하는 게 중요하다.**

② 앞 글자 성조를 정확히 발음하면서 뒤의 경성은 스쳐 지나가듯 짧고 약하게 발음한다.

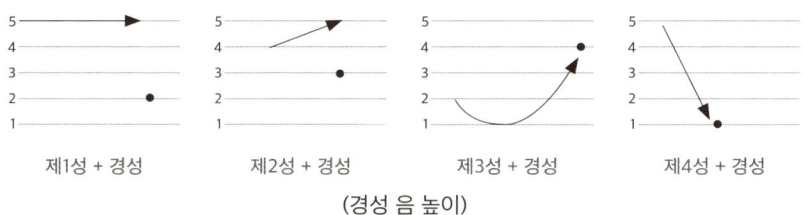

(경성 음 높이)

연습

성조 조합	예 문			
제1성 + 경성	māma 妈妈	chuānle 穿了	xiūxi 休息	zhuōzi 桌子
제2성 + 경성	yéye 爷爷	láile 来了	piányi 便宜	xíngli 行李
제3성 + 경성	jiějie 姐姐	mǎizhe 买着	xǐhuan 喜欢	wǎnshang 晚上
제4성 + 경성	bàba 爸爸	kànguo 看过	dòufu 豆腐	shìqing 事情

※ 경성은 한어병음 위에 아무런 표시도 하지 않는다.

> 경성으로 발음되는 경우

학습자가 문장 속에서 어떤 글자가 경성으로 발음되는지를 파악하는 게 중요하다. 크게 단어 관련과 문법 관련으로 나눌 수 있다. 아래의 규칙들은 고정적이어서 반드시 외워 회화에서 적극적으로 활용한다.

1) 단어 관련

	구분	내용	예문
단어 관련	접미사	각종 접미사 (词缀)	包子, 椅子, 馒头, 木头, 我们, 尾巴, 什么
	방향사	방향을 나타내는 글자	马路上, 山下, 箱子里, 前边, 外面
	양사	자주 사용되는 일부 양사	这个东西, 那个人, 这件衣服
	2음절 단어	경성을 포함하는 2음절 단어	晚上, 早上, 漂亮, 商量, 客气, 喜欢, 人家, 便宜, 清楚, 消息, 行李, 风筝, 先生, 招呼
	중첩형	가족 명칭	爸爸, 妈妈, 姐姐, 弟弟, 爷爷
		명사의 중첩	人人, 家家, 天天, 年年
		동사의 중첩	听听, 来来, 看看, 收拾收拾, 打听打听

2) 문법 관련

구분		내용	예문
문법 관련	각종 조사	구조조사	我的, 好好地, 说得很流利
		동태조사	买了, 听着, 看过
		어기조사	吗, 啊, 吧, 呢, 嘛 등
	방향보어	단순 방향보어	出来, 进去, 回来, 进去
		복합 방향보어	拿出来, 看起来, 走下去, 跑回来
	一	동사 중첩 사이에 놓인 형태	说一说, 走一走, 听一听, 看一看
	不	가능보어의 부정형	听不懂, 买不起, 吃不下, 睡不着
		동사, 형용사의 정반의문문	听不听, 买不买, 冷不冷, 辣不辣

※ 학습자의 편의를 위해 경성을 빨간 색으로 표시하였다.

⚠️ **주의**

위에서 설명한 경우 외에도 경성으로 발음되는 경우가 많다. 특히 경성을 포함하는 2음절 단어는 본 교재에서 일일이 열거할 수 없을 정도로 매우 많다. 학습자가 지속적으로 단어를 찾아 외우거나 중국 사람과 교류를 통해 하나씩 익혀가는 것 외에 달리 방법이 없다. 많이 사용하는 단어를 중심으로 꾸준히 외워나가자.

03 경음

경음은 단독으로 읽는 경우보다 문장 속에서 많이 나타난다. 경음은 언어의 흐름 속에서 의미 전달과 무관하며, 음의 길이가 짧아져 유창성 향상을 가져온다.

경음의 특징

① 본래의 성조 특징은 조금 유지한 채 음의 길이가 약간 짧아지거나 높낮이가 변하는 등, 발음의 편의를 위해 나타나며 습관적인 경우가 대부분이다.
② 의사 소통에 영향을 미치지 않는 범위 내에서 나타나며 경성만큼 고정적이지 않다. 하지만 문법적인 요소와 단어의 구성 등에서 규칙성을 유추해 볼 수 있다. (51쪽 참고)

경음의 발음 요령

① 본래의 성조 특징을 조금 유지한 채 힘을 빼고 **소리의 길이만 살짝 줄어든다는 느낌으로 짧게 발음한다.**
② 언어의 흐름 속에서 앞 글자의 성조와 잘 이어지도록 자연스럽게 발음하는 게 중요하다.

경음으로 발음되는 경우

경음은 경성에 비해 규칙성을 찾기가 쉽지 않고, 일관성이 부족하다는 이유로 많은 교재에서 다루지 않는다. 본 교재는 유창한 회화를 위해 반드시 익혀야 할 경음의 규칙성을 아래와 같이 제시하였다. 대부분 **공통으로 쓰이는 익숙한 글자에서 많이 나타나며, 일부 문법적인 요소에서도 볼 수 있다.**

1) 익숙한 단어의 공통 글자

경음 글자	경음으로 읽는 경우
年 / 天 / 午	시간, 날짜 등을 나타내는 공통 글자로서 대부분 경음으로 발음한다.
예 문	·前天, 昨天, 今天, 明天, 后天, 春天, 夏天, 秋天, 冬天 ·去年, 今年, 明年 ·上午, 中午, 下午

경음 글자	경음으로 읽는 경우
月 / 号 点 / 分	숫자를 동반하여 시간, 날짜를 표시하는 공통 글자로서 숫자만 명확하게 발음하고, 月, 号, 点, 分은 경음으로 발음한다.
예 문	·三月十七号, 十二月二十九号 ·五点十五分, 十一点四十六分 등

경음 글자	경음으로 읽는 경우
国	널리 알려진 나라의 국명에 쓰이는 글자는 경음으로 발음한다.
예 문	·中国, 韩国, 美国, 法国, 英国 등

경음 글자	경음으로 읽는 경우
是	다른 글자와 어울려 부사, 접속사 등으로 사용될 때 경음으로 발음한다.
예 문	·可是, 不是, 但是, 要是, 还是 등

경음 글자	경음으로 읽는 경우
然	다른 글자와 어울려 접속사 등으로 사용될 때 경음으로 발음한다.
예 문	·虽然, 突然, 忽然 등

경음 글자	경음으로 읽는 경우
点	다른 글자와 어울려 사용될 때 경음으로 발음한다.
예 문	·有点儿, 一点儿, 小心点儿 등

※ 회화는 대부분 点 뒤에 儿을 붙여 말한다.

경음 글자	경음으로 읽는 경우
세 글자 단어	세 글자로 이루어진 단어 중 익숙한 지명, 명사 등의 두 번째 글자는 경음으로 발음한다.
예 문	·石家庄, 王府井 ·星期天, 礼拜五, 自行车 ·要不然 등

경음 글자	경음으로 읽는 경우
일부 조동사	일부 2음절 조동사의 두 번째 글자는 경음으로 발음한다.
예 문	·可以 ·愿意

경음 글자	경음으로 읽는 경우
些 / 和 / 家 气 / 处 / 于	회화에서 자주 쓰이는 글자로서 구성되는 글자에 따라 경음으로 발음한다.
예 문	·我和他都是韩国人。 ·这些东西都是爸爸从中国买来的。 ·婆家, 娘家, 人家 ·天气, 福气, 客气, 脾气 ·好处, 坏处 ·对于, 关于 등

2) 문법 관련 경음 글자

경음 글자	경음으로 읽는 경우
为 / 成 / 做	다른 글자와 어울려 동사로 사용될 때 경음으로 발음한다.
예 문	·认为, 作为, 以为 ·看成, 做成, 换成 ·当做, 看做 등

경음 글자	경음으로 읽는 경우
我 / 你 / 他	인칭 대명사가 동사 뒤에 놓여 목적어로 사용될 때 인칭 대명사는 대부분 경음으로 발음한다.
예 문	·明天我就找你去。 ·我们要请他吃一顿饭。

경음 글자	경음으로 읽는 경우
在 / 到 / 给	동사 뒤에서 보어로 사용될 경우 경음으로 발음한다.
예 문	·不要把东西放在桌子上。 ·那家饭馆已经搬到新街口了。 ·麻烦你，把这几本书替我转给她，好吗?

경음 글자	경음으로 읽는 경우
见 / 到 / 开	동사 뒤에 붙어 결과보어로 사용되는 경우 경음으로 발음한다.
예 문	·看见，碰见 ·遇到，找到 ·打开窗户，张开嘴 등

경음 글자	경음으로 읽는 경우
양사	숫자와 어울려 특별히 강조가 아니라면 문장 속의 양사는 대부분 경음으로 발음한다.
예 문	·你换件衣服再出去。 ·明天我带你去个好地方。

※ 양사는 앞에서 설명한대로 경성으로 발음하는 경우도 많다. 그만큼 양사는 문법적으로 중요한 성분이지만, 특별히 강조가 아니라면 경성, 경음으로 약하고 짧게 발음한다.

경음 글자	경음으로 읽는 경우
人	다른 글자와 어울려 명사 또는 문법적 기능(사역 및 피동)을 나타낼 때 경음으로 발음한다.
예문	·他人, 别人, 工人, 贵人 등 ·被人, 让人, 使人 등 ·她的声音让人舒服。 ·没想到车子被人刮花了。

경음 글자	경음으로 읽는 경우
是, 要	是不是, 要不要 등의 형태로 쓰일 경우 不와 뒤에 반복되는 是, 要는 경음으로 발음한다.
예문	·今天是不是爸爸的生日? ·要不要答应对方的要求?

※ 학습자의 편의를 위해 경음을 빨간 색으로 표시하였다.

[참고]

경음의 규칙은 위에서 설명한 글자 외에도 많다. 지역적인 차이와 개인의 언어 습관까지 더해지면 경음은 규칙성을 정하기가 매우 까다롭다. 게다가 단독으로 사용되거나, 의미를 강조할 경우에는 원래의 성조대로 발음하는 등 상황에 맞게 잘 구분하여 활용해야 한다.

하지만 위에서 언급한 규칙들을 참고하여 회화 연습을 해야 유창한 중국어를 구사할 수 있다. 특히 중국 사람의 억양을 익히기 위해서는 경성과 경음은 필수 요소이다.

02 변조

변조란 이어지는 다른 성조의 영향으로 본래의 성조가 바뀌는 걸 말한다. 제3성, 一, 不가 대표적이다. **변조는 회화에서 빈번하게 나타나며 엄격하게 지켜진다.** 다만 변조는 변화된 성조를 표시하지 않고 본래의 성조를 그대로 표시하는 게 일반적이다. 이런 점이 학습자에게 혼란을 주어 변조가 발생해도 원래대로 표기한 성조만 보고 발음할 때가 있다. 이것은 마치 우리말의 발음 규칙을 무시한 채 글자의 맞춤법대로 어색하게 발음하는 것과 같다. 중국 사람들은 의외로 많은 우리나라 학습자들이 변조를 제대로 지키지 않는다고 말한다.

자연스럽고 중국어다운 억양으로 말하려면 변조를 반드시 지켜서 발음해야 한다.

01 제3성의 변조

제3성이 연이어 발음될 때 앞의 제3성은 제2성으로 변한다. 간단한 변화이지만 주의해야 할 부분이 있다.

① 제3성 + 경성 (본래 제3성이 아닌 경우)

성조 조합	변조	변조 규칙		
제3성 + 경성	제3성 + 경성	경성이 본래 제3성이 아닌 경우 변조 규칙에 적용되지 않는다.		
연 습		nuǎnhuo 暖和	tǐmian 体面	fǎnzheng 反正

② 제3성 + 경성 (본래 제3성인 경우)

성조 조합	변조	변조 규칙		
제3성 + 경성	제2성 + 경성	뒤의 제3성이 경성으로 바뀌어도 변조 규칙에 적용된다.		
연 습		xiángxiang 想想	dásao 打扫	xiáojie 小姐

⚠ 주의
위의 결합 형태는 본래 제3성 + 제3성의 조합이지만, 뒤의 제3성이 경성으로 변하는 경우이다. 변조 규칙에 따라 제2성 + 경성으로 발음한다.

③ 제3성 + 子 (경성으로 발음되는 경우)

성조 조합	변조	변조 규칙		
제3성 + 子	제3성 + 경성	접미사(词缀)로 쓰이는 <子>는 특별한 의미가 없고, 본래 경성으로 발음한다.		
연 습		běnzi 本子	jiǎnzi 剪子	jiǎozi 饺子

⚠ 주의
<子>가 성별을 구분하거나 학문과 지위를 갖춘 사람을 존칭할 경우에는 제3성으로 발음되므로 변조 규칙에 적용된다. 예를 들어, **女子** (nǚzǐ- 여자), **孔子** (kóngzǐ- 공자), **老子** (láozǐ- 노자) 등으로 발음에 주의한다.

한편 <子>를 경성으로 발음하여 <**老子** (lǎozi)>라고 하면 <아버지> 혹은 <내가(거만하게 자신을 지칭)>라는 의미로 바뀐다.

④ 제3성이 3개 이상 연이어 발음될 경우

이런 경우는 문법적인 영향, 단어 구성, 의미 전달 등등, 여러 요인으로 인해 변조에 대한 획일적인 규칙을 제시할 수가 없다. 가장 단순한 방법은 제3성이 몇 개가 연이어 나오든 마지막 글자만 제3성으로 발음하고, 앞의 제3성은 모두 제2성으로 발음한다.

결합 형태	변조
제3성 × 3개	Láobán hǎo 老板好。
제3성 × 4개	Wó yé hén hǎo 我也很好。
제3성 × 5개	Qíng ní wáng béi zǒu 请你往北走。
제3성 × 6개	Wó yé yóu xíliánshuǐ 我也有洗脸水。

02 一의 변조

一(yī)는 뒤에 어떤 성조가 오느냐에 따라 성조가 변한다. 또한 동사의 중첩형 사이에 놓일 때는 경성으로 발음된다. 一의 변조는 엄격하게 지켜지므로 발음에 주의한다.

① 一(yì) + 제1성, 제2성, 제3성

결합 형태	변조 규칙		
一 + 제1성, 제2성, 제3성	一는 제4성으로 발음한다.		
연 습	yìtiān 一天	yìnián 一年	yìqǐ 一起

② 一(yí) + 제4성

결합 형태	변조 규칙		
一 + 제4성	一는 제2성으로 발음한다.		
연 습	yígòng 一共	yídìng 一定	yíyàng 一样

③ 동사 + 一(yi) + 동사

결합 형태	변조 규칙		
동사 + 一 + 동사	一는 경성으로 발음한다.		
연 습	chī yi chī 吃一吃	liáo yi liáo 聊一聊	kàn yi kàn 看一看

④ 一(yí) + 경성 (본래 제4성인 경우)

양사 <个>가 대표적이다. <个>는 본래 제4성이지만, 회화에서 대부분 경성으로 발음한다. 이 때 <一>는 변조 규칙에 적용되어 제2성으로 발음한다.

- 我是一(yí)个韩国人。
- 这里是一(yí)个非常有名的旅游地。

⑤ <一>를 변조 규칙에 상관 없이 제1성으로 발음할 경우

- <一>를 단독으로 발음하거나, 문장 끝에 올 경우 제1성으로 발음한다. 예를 들어, 星期一(xīngqīyī), 统一(tǒngyī), 万一(wànyī) 등
- 순서를 나타내거나, 숫자, 고유명사 등은 변조 규칙에 따라 발음해도 되지만, 제1성으로 발음해도 무방하다.
  예를 들어, 第一课(dìyī kè), 一楼(yī lóu) 등이다.

03 不의 변조

제3성, 一와 함께 대표적인 변조 글자이다.

① 不(bù) + 제1성, 제2성, 제3성

결합 형태	변조 규칙		
不 + 제1성, 제2성, 제3성	不는 제4성으로 발음한다.		
연 습	bùhē 不喝	bùlái 不来	bùhǎo 不好

② 不(bú) + 제4성

결합 형태	변조 규칙		
不 + 제4성	不는 제2성으로 발음한다.		
연 습	búkàn 不看	búcuò 不错	búxiè 不谢

③ 不가 중첩형 사이에 놓일 경우 不는 경성으로 발음한다.

결합 형태	변조 규칙		
동사 + 不 + 동사	tīng bu tīng 听不听	lái bu lái 来不来	qù bu qù 去不去
형용사 + 不 + 형용사	lěng bu lěng 冷不冷	rè bu rè 热不热	là bu là 辣不辣
명사 + 不 + 명사	qián bu qián 钱不钱	rén bu rén 人不人	guǐ bu guǐ 鬼不鬼

※ 위의 경우는 不를 변조 규칙대로 발음할 수도 있으나, 회화에서는 경성으로 발음하는 게 일반적이다.

④ **不(bú) + 경성 (본래 제4성인 경우)**
- <不是>가 대표적으로 <是>는 제4성이지만 회화에서 대개 경성으로 발음한다. 이 때 <不>는 변조 규칙에 따라 제2성으로 발음한다.
예를 들어, 这不(bú)是我的东西。
- <不是>를 단독으로 사용하여 부정을 표시할 때는 <是>를 제4성으로 발음하니 주의한다.

⑤ **가능보어의 부정형으로 쓰인 <不>는 경성으로 발음한다.**
吃不下(chī bu xià), 听不懂(tīng bu dǒng) 做不完(zuò bu wán) 등이다.

> [참고]

위에서 설명한 변조는 대부분 중국어 발음을 공부할 때 접하는 기초 내용이다. 이런 작은 것 하나가 본인 중국어의 완성도를 좌우한다. 기본기에 충실하자.

03 탈락 및 동화

탈락과 동화는 인접한 글자끼리 서로 영향을 주고받으며 자음 혹은 모음에 영향을 미치는 걸 말한다. 말을 빨리 할 때 이런 현상이 좀 더 두드러지게 나타난다. 우리말에서 흔히 볼 수 있는 발음 변화(자음접변, 구개음화 등)를 떠올리면 쉽게 이해가 될 것이다. 다만 중국어는 받침소리가 적고, 각 음절의 소리 경계가 명확하여 자음 혹은 모음의 변화 현상이 우리말보다 적다.

탈락과 동화가 중요한 이유는 빠르게 스쳐지나가듯 들리는 중국 사람들의 말소리를 제대로 알아듣기 위함이다. 중국 사람들은 대부분 이런 발음의 변화를 바탕으로 말을 한다. **이런 변화를 알고 있어야 제대로 알아들을 수 있고, 학습자도 자연스러운 중국어를 구사할 수 있기 때문이다.**

01 탈락　🔊 3-8

탈락 현상은 주로 뒤 글자가 경성일 때 많이 나타난다. 뒤 글자의 모음이 탈락하고 자음만 남아 발음되거나, 앞 글자와 합쳐져서 발음된다.

① 뒤 글자가 경성일 때 모음이 탈락하고 자음만 남아 짧게 발음된다.

발음 변화	예 문
豆腐 (dòufu → dòuf)	李大妈做的豆腐特别好吃。
耳朵 (ěrduo → ěrd)	这条狗突然把耳朵竖起来。
消息 (xiāoxi → xiāox)	有什么好消息没有？

② 뒤 글자가 경성일 때 모음이 탈락한 후, 자음만 앞 글자와 합쳐져 발음된다.

발음 변화	예 문
我们 (wǒmen → wǒm)	今天晚上我们去看电影吧。
你们 (nǐmen → nǐm)	你们几个人都这么想的吗?
怎么 (zěnme → zěm)	包饺子怎么这么麻烦。

※ 말하는 속도와 밀접한 관련이 있다. 천천히 말할 경우에는 탈락 현상이 많이 줄어든다.

02 동화

3-9

동화 현상은 말을 빨리 하다보면 발음 기관의 움직임(주로 혀와 입술)이 줄어들며 비슷한 음으로 발음되는 걸 말한다.

① 앞 글자의 <n>이 뒤 글자 <b, p, m>의 영향으로 <m>으로 변한다.

발음 변화	예 문
n → m	面包 (miànbāo → miàmbāo)
	分配 (fēnpèi → fēmpèi)
	关门 (guānmén → guāmmén)

※ <n>이 혀끝이 윗니 뒤쪽에 붙지 않고, 두 입술로 소리를 내는 쌍순음으로 변한다.

② 앞 글자의 <n>이 뒤 글자 <g, k, h>의 영향으로 혀뿌리가 약간 뒤쪽으로 이동하면서 ng(ŋ)로 발음된다.

발음 변화	예 문
n → ng (ŋ)	三哥 (sāngē → sāŋgē)
	分开 (fēnkāi → fēŋkāi)
	文化 (wénhuà → wéŋhuà)

※ <n>은 혀끝이 윗니 뒤편에 붙지 않고 혀가 뒤쪽으로 살짝 이동하며 발음된다. 이 때 명확하게 <ng(ŋ)>으로 발음되지 않는 경우도 많다.

[참고]

탈락과 동화는 말을 조금 빨리 하다보면 자연스럽게 나타난다. 반드시 이렇게 발음하지 않아도 되지만, 많은 중국 사람들이 회화에서 이렇게 발음한다. 다만 학습자 입장에서 너무 과장되게 연습할 필요는 없다. 먼저 변화 규칙을 이해하고 조금씩 따라해 보면 자연스럽게 익힐 수 있다.

MEMO

여섯 글자에서 여덟 글자로 구성된 문장과 여덟 글자에서
열 글자 이상으로 구성된 문장을 유창하게 읽어보자.
각 성조의 부드러운 연결과 발음 변화에 유의하여 연습한다.

문장 읽기 연습

01 여섯 ~ 여덟 글자 읽기 연습

발음의 변화를 적용하여 여섯~여덟 글자로 구성된 문장을 유창하게 읽어보자. 경성(轻声), 경음(轻音), 변조(变调), 동화(同化), 탈락(脱落) 등을 활용하여 중국어 문장을 자연스럽게 읽는 것에 중점을 둔다.

01 예문들을 세 단계로 나누어 연습한다.

1단계	• 녹음을 들으며 성조의 흐름을 잘 들어보는 단계 • 머릿속으로 문장 전체의 흐름을 그려본다.
2단계 (5회 반복)	• 문장 흐름과 발음 변화에 대한 적응력을 키우는 단계 • 각 성조의 연결과 발음 변화에 중점을 두고 읽는다. • 예문을 천천히 다섯 번씩 읽는다.
3단계 (5회 반복)	• 문장 전체를 하나의 흐름으로 자연스럽게 말하는 단계 • 한 번의 호흡으로 최대한 매끄럽고 말할 수 있도록 천천히 다섯 번씩 연습한다.

02 연습 포인트

① 한 번의 호흡으로 읽어야 유창성이 향상된다.
  • 빨리 읽는 게 아니다. 문장 전체를 한 번의 흐름으로 이어서 천천히 읽는 게 중요하다.
  • 문장 전체의 흐름이 일정하게 유지되면 말하는 속도는 자연스럽게 빨라진다.

② 첫 글자를 명확하게 발음한다.
- 회화가 유창하지 못한 학습자들은 첫 글자의 발음이 명확하지 못한 단점이 있다. 유창하게 보이려고 말을 빨리 하지만 오히려 나쁜 습관만 생긴다. 정확히 말하는 게 훨씬 중요하다.
- 중국인과의 대화는 긴장감을 동반한다. 잘하려는 부담감과 급한 마음에 첫 글자부터 서두르면 뒤 글자들도 덩달아 빨라져 발음이 부정확해진다.
- 위와 같은 단점을 줄이려면 첫 글자를 명확하고 천천히 말하는 연습이 필요하다. 또한 회화는 <我>, <你>처럼 음의 길이가 긴 제3성이 첫 글자로 나오는 경우가 많다. 첫 글자를 명확히 발음하는 습관이 중요하다.

03 예문 연습

아래의 예문들은 경성과 경음이 섞여 있다. 두 요소의 발음 특징이 동일하지 않지만, **음의 길이가 짧아진다는 공통점이 있어 예문에 빨간 색으로 표시하였다. 경성, 경음은 스쳐지나가듯 짧게 발음하자.**
※ 변조는 발음의 변화에 관계 없이 본래 성조대로 표시하였다.

연습 - 1　　　　　　　　　　　　　　　　🔊 4-1

① 他们身体好吗? (그들은 건강하십니까?)
　Tāmen shēntǐ hǎo ma?

② 街上很热闹。 (거리가 매우 시끌벅적합니다)
　Jiē shàng hěn rènao.

③ 她去美国学习。(그녀는 미국에 가서 공부합니다)
Tā qù Měiguó xuéxí

④ 你现在买不买?(당신은 지금 삽니까?)
Nǐ xiànzài mǎi bu mǎi?

⑤ 我认识你很高兴。(당신을 알게 되어 반갑습니다)
Wǒ rènshí nǐ hěn gāoxìng.

⑥ 最近工作忙不忙?(요즘 일이 바쁩니까?)
Zuìjìn gōngzuò máng bù máng?

⑦ 你叫什么名字?(당신의 이름은 무엇입니까?)
Nǐ jiào shénme míngzì?

⑧ 北京大学怎么走?(북경대학은 어떻게 갑니까?)
Běijīng dàxué zěnme zǒu?

⑨ 你别太快做决定。(당신 너무 서둘러 결정하지 마세요)
Nǐ bié tài kuài zuò juédìng.

⑩ 他要出差五天。(그는 다섯 동안 출장을 갈 겁니다)
Tā yào chūchāi wǔ tiān.

단어 해설

热闹 : 시끌벅적하다, 번화하다
出差 : 출장가다

연습 - 2 🔊 4-2

① 我来介绍一下。(제가 소개하겠습니다)
Wǒ lái jièshào yī xià.

② 去年我跟她见过面。(작년에 내가 그녀와 만난 적이 있습니다)
Qùnián wǒ gēn tā jiàn guò miàn.

③ 苹果多少钱一斤? (사과는 한 근에 얼마입니까?)
Píngguǒ duōshǎo qián yī jīn?

④ 今天八月二十五号。(오늘은 8월 25일입니다)
Jīntiān bā yuè èrshíwǔ hào.

⑤ 明天不是星期天。(내일은 일요일이 아닙니다)
Míngtiān bùshì xīngqītiān.

⑥ 你家有几口人? (당신은 가족이 몇 명입니까?)
Nǐ jiā yǒu jǐ kǒu rén?

⑦ 明天上午九点上课。(내일 오전 9시에 수업합니다)
Míngtiān shàngwǔ jǐ diǎn shàngkè?

⑧ 你爸爸做什么工作? (당신은 아버지는 어떤 일을 하십니까?)
Nǐ bàba zuò shénme gōngzuò?

⑨ 八楼离这儿远**不**远? (8호 건물은 여기서 먼가요?)
Bā lóu lí zhèr yuǎn bù yuǎn?

⑩ 今**天**比昨**天**更冷。(오늘은 어제보다 훨씬 춥습니다)
Jīntiān bǐ zuótiān gèng lěng.

단어 해설

离 : ~~로부터 (공간적인 거리를 나타낼 때)
更 : 더욱, 훨씬

연습 - 3

① 我昨**天**被狗咬**了**。(나는 어제 개한테 물렸습니다)
Wǒ zuótiān bèi gǒu yǎo le.

② 千万不要客**气**。(제발 사양하지 마세요)
Qiānwàn bùyào kèqi.

③ 她买**了**一**台**冰箱。(그녀는 냉장고 한 대를 샀습니다)
Tā mǎi le yī tái bīngxiāng.

④ 我要跟你说**点儿**事。(저는 당신께 드릴 말씀이 있습니다)
Wǒ yào gēn nǐ shuō diǎnr shì.

⑤ 这**本**书很有意**思**。(이 책은 정말 재미있습니다)
Zhè běn shū hěn yǒu yìsi.

⑥ 你看见他了吗? (당신은 그를 보았습니까?)
Nǐ kànjiàn tā le ma?

⑦ 这几天热得厉害。(요 며칠 날씨가 매우 덥습니다)
Zhè jǐ tiān rè de lìhai.

⑧ 他的身体很结实。(그는 몸이 매우 튼튼합니다)
Tā de shēntǐ hěn jiēshi.

⑨ 我来帮你收衣服。(제가 빨래 걷는 걸 도와드리겠습니다)
Wǒ lái bāng nǐ shōu yīfu.

⑩ 中文说得很流利。(중국어를 매우 유창하게 합니다)
Zhōngwén shuō de hěn liúlì.

단어 해설

咬 : (개, 곤충 등) 물다
厉害 : 대단하다, 심하다
结实 : 건실하다, 튼튼하다

연습 - 4　　　　　　　　　　　　　　　　4-4

① 他是个聪明的孩子。(그는 총명한 아이입니다)
Tā shì ge cōngmíng de háizi.

② 还是在家里踏实。(역시 집에 있는 게 안전합니다)
Háishì zài jiā li tāshi.

073

③ 我该怎么称呼您? (제가 당신을 어떻게 호칭하면 될까요?)
Wǒ gāi zěnme chēnghu nín?

④ 他只是脾气不好。 (그는 단지 성격이 좋지 않습니다)
Tā zhǐshì píqi bù hǎo.

⑤ 我经常吃中国菜。 (나는 자주 중국 음식을 먹습니다)
Wǒ jīngcháng chī Zhōngguó cài.

⑥ 他做什么生意? (그는 어떤 사업을 합니까?)
Tā zuò shénme shēngyi?

⑦ 这里的天气很暖和。 (이곳의 날씨는 매우 따뜻합니다)
Zhè li de tiānqì hěn nuǎnhuo.

⑧ 我冒昧地问一下。 (실례지만 여쭤볼 게 있습니다)
Wǒ màomèi de wèn yī xià.

⑨ 人人都佩服他勇敢。 (사람들은 모두 그의 용감함에 탄복했습니다)
Rénrén dōu pèifu tā yǒnggǎn.

⑩ 对着镜子弄头发。 (거울을 보고 머리를 손질합니다)
Duì zhe jìngzi nòng tóufa.

단어 해설

聪明 : 똑똑하다, 총명하다
踏实 : (마음이) 놓이다, 편안하다

称呼 : 부르다, 호칭
冒昧 : 주제넘다, 외람되다
佩服 : 탄복하다, 감탄하다
弄 : 만들다, 다루다

연습 - 5　　　　　　　　　　　　　🔊 4-5

① 我要配一把钥匙。(나는 열쇠 하나를 복제합니다)
Wǒ yào pèi yī bǎ yàoshi.

② 你快告诉我, 大夫说了什么？
(의사가 뭐라고 말했는지 빨리 알려주세요)
Nǐ kuài gàosu wǒ, dàifu shuō le shénme?

③ 明天去买也不迟吧。(내일 사러가도 늦지 않겠죠)
Míngtiān qù mǎi yě bù chí ba.

④ 她做的中国菜真地道。
Tā zuò de Zhōngguó cài zhēn dìdao.
(그녀가 만든 중국 음식은 정말 현지 음식 같습니다)

⑤ 东西早就准备好了。(물건은 벌써 준비를 다 해두었습니다)
Dōngxi zǎojiù zhǔnbèi hǎo le.

⑥ 我昨天哪儿都没去。(나는 어제 어디에도 안 갔습니다)
Wǒ zuótiān nǎr dōu méi qù.

⑦ 十个指头咬着都疼。
Shí ge zhǐtou yǎo zhe dōu téng.
(열 손가락 깨물어 안 아픈 손가락이 없습니다)

⑧ 我怎么听也听不懂。
(나는 아무리 들어도 이해를 못 알아듣겠습니다)
Wǒ zěnme tīng yě tīng bu dǒng.

⑨ 出来跟我散散步吧。(나와서 나와 함께 산책합시다)
Chūlái gēn wǒ sàn sàn bù ba.

⑩ 您的好意我心领了。(당신의 호의는 마음만 받겠습니다)
Nín de hǎoyì wǒ xīn lǐng le.

단어 해설

配 : (일정한 기준 등에) 맞추다
钥匙 : 열쇠
迟 : 늦다
指头 : 손가락
散步 : 산보하다, 산책하다
心领 : (남의 선물 등을 거절할 때) 마음만 감사히 받겠습니다

연습 - 6   4-6

① 我们什么时候去? (우리는 언제 갑니까?)
Wǒmen shénme shíhou qù?

② 后天是妈妈的生日。(모레는 어머니 생신입니다)
Hòutiān shì māma de shēngri.

③ 你怎么知道我要来? (당신은 제가 올 줄 어떻게 알았습니까?)
Nǐ zěnme zhīdao wǒ yào lái?

④ 他已经买了两张票。(그는 이미 표 두 장을 샀습니다)
Tā yǐjing mǎi le liǎng zhāng piào.

⑤ 你喜欢什么运动? (당신은 어떤 운동을 좋아합니까?)
Nǐ xǐhuan shénme yùndòng?

⑥ 听和说都很难。(듣기와 말하기 모두 매우 어렵습니다)
Tīng hé shuō dōu hěn nán.

⑦ 我住在留学生宿舍。(저는 유학생 기숙사에서 살고 있습니다)
Wǒ zhù zài liúxuéshēng sùshè.

⑧ 我在外面跑步呢。(나는 밖에서 뛰고 있습니다)
Wǒ zài wàimiàn pǎobù ne.

⑨ 吃完饭再出去。(밥 다 먹고 외출하세요)
Chī wán fàn zài chūqù.

⑩ 我是李老师的学生。(저는 이 선생님의 학생입니다)
Wǒ shì Lǐ lǎoshī de xuéshēng.

단어 해설

运动 : 운동, 운동하다
宿舍 : 숙소, 기숙사
跑步 : 달리기, 구보

연습 - 7 🔊 4-7

① 她在咖啡厅里打工。(그녀는 카페에서 아르바이트합니다)
Tā zài kāfēitīng li dǎgōng.

② 她要买应季水果。(그녀는 제철 과일을 사려고 합니다)
Tā yào mǎi yìngjì shuǐguǒ.

③ 你爸爸妈妈身体好吗? (당신의 부모님은 건강하십니까?)
Nǐ bàba māma shēntǐ hǎo ma?

④ 你跟我们一起去吧。(당신은 우리와 함께 갑시다)
Nǐ gēn wǒmen yīqǐ qù ba.

⑤ 飞机下午三点半到。(비행기는 오후 3시 반에 도착합니다)
Fēijī xiàwǔ sān diǎn bàn dào.

⑥ 我过得很愉快。(저는 매우 즐겁게 보냈습니다)
Wǒ guò de hěn yúkuài.

⑦ 我们几年没见面了。(우리는 여러 해 동안 못 만났습니다)
Wǒmen jǐ nián méi jiànmiàn le.

⑧ 她有点儿咳嗽。(그녀는 기침을 조금 합니다)
Tā yǒudiǎnr késou.

⑨ 你快去医院看看吧。(빨리 병원에 가보세요)
Nǐ kuài qù yīyuàn kànkàn ba.

⑩ 我的中文还差得远。(저의 중국어는 아직 많이 부족합니다)
Wǒ de Zhōngwén hái chà de yuǎn.

단어 해설

打工 : 아르바이트하다
应季 : 계절에 맞다, 제철이다
愉快 : 유쾌하다, 즐겁다
咳嗽 : 기침하다

연습 - 8   4-8

① 你负责什么工作？(당신은 어떤 업무를 담당하십니까?)
Nǐ fùzé shénme gōngzuò?

② 我已经想好了。(저는 이미 생각을 다 했습니다)
Wǒ yǐjing xiǎng hǎo le.

③ 这事儿真让人烦恼。(이 일은 정말 사람을 괴롭게 합니다)
Zhè shìr zhēn ràng rén fánnǎo.

④ 你快给他发短信吧。(빨리 그에게 문자 보내세요)
Nǐ kuài gěi tā fā duǎnxìn ba.

⑤ 孩子们已经长大了。(아이들은 다 자랐습니다)
Háizimen yǐjing zhǎng dà le.

⑥ 你可以随时联系。(언제든지 연락해도 됩니다)
Nǐ kěyǐ suíshí liánxi.

⑦ 冬天经常起静电。(겨울에는 정전기가 자주 일어납니다)
Dōngtiān jīngcháng qǐ jìngdiàn.

⑧ 你家狗狗真可爱。(당신의 강아지는 정말 귀여워요)
Nǐ jiā gǒugou zhēn kě'ài.

⑨ 没时间出去玩儿。(나가 놀 시간이 없습니다)
Méi shíjiān chūqu wánr.

⑩ 我们一起加油吧。(우리 함께 파이팅 합시다)
Wǒmen yīqǐ jiāyóu ba.

단어 해설

负责 : 책임을 지다, 담당하다
烦恼 : 걱정, 걱정하다, 마음을 졸이다
短信 : (휴대폰으로 보내는) 짧은 메시지
随时 : 언제나, 아무 때나
联系 : 연락하다
静电 : 정전기
狗狗 : 강아지 (강아지를 귀엽게 부를 때)

02 여덟 ~ 열 글자 읽기 연습

여덟에서 열 글자 내외로 구성된 문장을 통해 실전 회화의 유창성을 키운다. 발음 변화를 잘 활용하고, 특히 전체 문장의 리듬감을 잘 살려서 자연스럽게 읽는 것에 중점을 둔다.

01 예문들을 세 단계로 나누어 연습한다.

1단계	• 녹음을 들으며 성조의 흐름과 발음의 변화를 느껴보는 단계 • 경성, 경음에 주의하며 전체 문장의 흐름을 그려본다.
2단계 (5회 반복)	• 문장을 한 번의 흐름으로 매끄럽게 말하는 단계 • 서두르지 말고, 천천히 중국인의 억양을 모방하며 읽는다. • 예문을 천천히 다섯 번씩 읽는다.
3단계 (5회 반복)	• 실전 회화에 대한 적응력을 키우는 단계이다. • 실제 중국 사람과의 회화를 연상하며 자연스럽게 읽는다. • 문장이 익숙해지면 문장을 보지 않고 말해보자.

02 연습 포인트

① 절대 중간에 쉬거나 끊지 않는다.
- 열 글자 내외의 단문은 강조를 하거나 특별한 경우가 아니면 중간에 쉬거나, 停顿이 거의 없다.
- 빨리 읽는 것이 아니다. 천천히 읽더라도 한 번의 호흡으로 자연스럽게 읽어야 한다.

② 실전 같은 긴장감을 유지하며 연습한다.
- 중국 사람과 대화를 하듯 문장을 자연스럽게 말하는 것에 중점을 두고 연습한다.
- 예문을 여러 번 읽어 익숙해졌다면, 예문을 보지 말고 말해보자. 앞에 있는 중국 사람에게 말을 한다는 생각으로 최대한 자연스럽게 말한다.

03 예문 연습

경성, 경음은 예문에 빨간 색으로 표시하였다. 경성, 경음, 변조에 주의하여 문장을 유창하게 읽어보자.

※ 변조는 발음의 변화에 관계 없이 본래 성조대로 표시하였다.

연습 - 1
🔊 5-1

① 这件衬衫不大也不小。(이 셔츠는 크지도 않고 작지고 않습니다)
Zhè jiàn chènshān bù dà yě bù xiǎo.

② 她已经从公司辞职了。(그녀는 이미 회사를 그만두었습니다)
Tā yǐjing cóng gōngsī cízhí le.

③ 说起来容易做起来很难。
Shuō qǐlái róngyì zuò qǐlái hěn nán.
(말하기는 쉬워도 해보면 매우 어렵습니다)

④ 我有些事情要跟他商量。
Wǒ yǒu xiē shìqing yào gēn tā shāngliang.
(제가 그 사람과 의논할 일들이 있습니다)

⑤ 他们的行为让人高兴。 (그들의 행동은 사람들을 즐겁게 합니다)
Tāmen de xíngwéi ràng rén gāoxìng.

⑥ 中国名胜古迹多的很。 (중국은 명승고적이 매우 많습니다)
Zhōngguó míngshèng gǔjì duō de hěn.

⑦ 我的行李都收拾好了。 (나는 짐을 다 정리했습니다)
Wǒ de xíngli dōu shōushi hǎo le.

⑧ 这个东西最近很抢手。 (이 물건이 요즘 제일 잘 팔립니다)
Zhè ge dōngxi zuìjìn hěn qiǎngshǒu.

⑨ 我感觉身体有点儿累。 (나는 몸이 조금 피곤함을 느꼈습니다)
Wǒ gǎnjué shēntǐ yǒudiǎnr lèi.

⑩ 他上午来还是下午来? (그는 오전에 옵니까? 오후에 옵니까?)
Tā shàngwǔ lái háishì xiàwǔ lái?

단어 해설

衬衫 : 셔츠
辞职 : 사직하다, 그만두고 물러나다
商量 : 의논하다, 상의하다
名胜古迹 : 명승고적
抢手 : (인기가 많아) 잘 팔린다

연습 - 2　　　　　　　　　　　　　5-2

① 这件衣服可以试试吗? (이 옷을 입어봐도 됩니까?)
　　Zhè jiàn yīfu kěyǐ shì shì ma?

② 你买到火车票了没有? (당신은 기차 표를 샀습니까?)
　　Nǐ mǎi dào huǒchē piào le méiyǒu?

③ 半路上我的自行车坏了。(오는 길에 나의 자전거가 고장났습니다)
　　Bànlù shàng wǒ de zìxíngchē huài le.

④ 你的房间又干净又漂亮。(당신의 방은 깨끗하기도 하고 멋집니다)
　　Nǐ de fángjiān yòu gānjìng yòu piàoliang.

⑤ 是不是你的电脑又坏了? (당신의 컴퓨터가 또 고장났습니까?)
　　Shì bù shì nǐ de diànnǎo yòu huài le?

⑥ 我还不明白那件事情呢。(나는 아직도 그 일이 이해가 안 됩니다)
　　Wǒ hái bù míngbai nà jiàn shìqing ne.

⑦ 请告诉我您的联系方式。(당신의 연락처를 알려주세요)
　　Qǐng gàosu wǒ nín de liánxì fāngshì.

⑧ 我们后天下午去你那儿吧。
　　Wǒmen hòutiān xiàwǔ qù nǐ nàr ba.
　　(우리는 모레 오후 당신에게 가겠습니다)

⑨ 那个地方有很多神话故事。
Nà ge dìfang yǒu hěn duō shénhuà gùshì.
(저 마을에는 매우 많은 신화고사가 있습니다)

⑩ 他买衣服从来不讲价钱。
Tā mǎi yīfu cónglái bù jiǎng jiàqian.
(그는 옷을 살 때 지금껏 가격을 흥정한 적이 없습니다)

단어 해설

电脑 : 컴퓨터
坏 : 고장 나다
联系 : 연결, 연락
神话 : 신화
从来 : 지금까지, 여태껏
价钱 : 가격

연습 - 3 5-3

① 最近有了精神负担。(요즘 정신적인 부담감이 생겼습니다)
Zuìjìn yǒu le jīngshen fùdān.

② 他发的电邮你收到了吗? (그가 보낸 메일을 받았습니까?)
Tā fā de diànyóu nǐ shōu dào le ma?

③ 你有什么问题尽管问我。
Nǐ yǒu shénme wèntí jǐnguǎn wèn wǒ.
(문제가 있으면 언제든지 저한테 문의하세요)

④ 他为什么做这种决定呢? (그는 왜 이런 결정을 했습니까?)
Tā wèishénme zuò zhè zhǒng juédìng ne?

⑤ 请告诉我他们的地址。(그들의 주소를 알려주세요)
Qǐng gàosu wǒ tāmen de dìzhǐ.

⑥ 你看完了再告诉我。(다 보고나면 저한테 알려주세요)
Nǐ kàn wán le zài gàosu wǒ.

⑦ 我教你一个好办法。
Wǒ jiāo nǐ yī ge hǎo bànfǎ.
(제가 한 가지 좋은 방법을 가르쳐드리겠습니다)

⑧ 生活中的美无处不在。(생활 속의 아름다움은 어디에나 있습니다)
Shēnghuó zhōng de měi wúchùbùzài.

⑨ 我们从小一起长大的。(우리는 어릴 때부터 함께 자랐습니다)
Wǒmen cóng xiǎo yīqǐ zhǎng dà de.

⑩ 她早就有当个歌手的念头。
Tā zǎojiù yǒu dāng ge gēshǒu de niàntou.
(그녀는 일찍이 가수가 될 생각이 있습니다)

단어 해설

负担 : 부담, 책임, 부담을 지다
电邮 : 전자 우편, E-mail
尽管 : 언제든지

地址 : 주소
办法 : 방법
无处不在 : 없는 곳이 없다, 어디에나 있다
早就 : 벌써, 일찍이
念头 : 생각, 마음

연습 - 4　　　　　　　　　　　　　　　🔊 5-4

① 你在前边那个车站等我。
　　Nǐ zài qiánbiān nà ge chēzhàn děng wǒ.
　　(당신은 앞쪽의 정거장에서 나를 기다리세요)

② 要是时间可以倒流, 你想回到什么时候?
　　Yàoshì shíjiān kěyǐ dàoliú, nǐ xiǎng huídào shénme shíhou?
　　(만약 시간을 되돌릴 수 있다면 당신은 어떤 시절로 돌아가고 싶습니까?)

③ 我找到了一份体面的工作。(나는 어엿한 직장을 구했습니다)
　　Wǒ zhǎo dào le yī fèn tǐmian de gōngzuò.

④ 只能沿用过去的老方式。
　　Zhǐ néng yányòng guòqù de lǎo fāngshì.
　　(과거의 옛 방식을 계속 사용할 수밖에 없습니다)

⑤ 天太热了, 先找个地方凉快凉快吧。
　　Tiān tài rè le, xiān zhǎo ge dìfang liángkuai liángkuai ba.
　　(날씨가 매우 덥습니다, 먼저 쉴 곳을 찾아 땀 좀 식힙시다)

⑥ 我把电话号码写在本子上了。
Wǒ bǎ diànhuà hàomǎ xiě zài běnzi shàng le.
(저는 전화번호를 노트 위에 적었습니다)

⑦ 闭着眼睛都知道以后会怎么样。
Bì zhe yǎnjing dōu zhīdao yǐhòu huì zěnmeyàng.
(그 후에 어떻게 되었을지 눈 감고 알 수 있습니다)

⑧ 有空到我家来玩儿吧。 (시간이 있으면 우리 집에 놀러오세요)
Yǒu kòng dào wǒ jiā lái wánr ba.

⑨ 不知道要多久能到你那儿。
Bù zhīdao yào duōjiǔ néng dào nǐ nàr.
(시간이 얼마나 걸려야 그 곳에 도착할지 모르겠습니다)

⑩ 听说这家饭馆不错，我们去吃一顿怎么样？
Tīngshuō zhè jiā fànguǎn bùcuò, wǒmen qù chī yī dùn zěnmeyàng?
(이 식당이 좋다고 하는데, 우리도 가서 식사 한 번 하는 게 어떻습니까?)

단어 해설

车站 : 정거장
倒流 : 거꾸로 흐르다
体面 : 체면, 떳떳하다, 어엿하다
沿用 : (예전의 방식, 제도 등) 계속 사용하다
凉快 : 시원하다, (더위를) 식히다
闭 : (문, 눈 등) 닫다

연습 - 5 🔊 5-5

① 有合适的帮我挑选一个。
   Yǒu héshì de bāng wǒ tiāoxuǎn yī ge.
   (적당한 것이 있으면 저에게 하나 골라주세요)

② 你快到楼下接他们上来。
   Nǐ kuài dào lóuxià jiē tāmen shànglái.
   (당신은 빨리 아래층으로 가서 그들을 모시고 올라오세요)

③ 他做起事来毛手毛脚的。(그는 일을 대충대충 합니다)
   Tā zuò qǐ shì lái máoshǒumáojiǎo de.

④ 我想找离市中心近的宾馆。
   Wǒ xiǎng zhǎo lí shì zhōngxīn jìn de bīnguǎn.
   (나는 시내 중심에서 가까운 호텔을 찾습니다)

⑤ 现在想来真是宝贵的体验。
   Xiànzài xiǎng lái zhēnshì bǎoguì de tǐyàn.
   (지금 생각해보면 매우 귀중한 체험이었습니다)

⑥ 我昨天晚上就开始不舒服。
   Wǒ zuótiān wǎnshang jiù kāishǐ bù shūfu.
   (나는 어제 저녁부터 아프기 시작했습니다)

⑦ 再忙你也得抽时间运动。
Zài máng nǐ yě děi chōu shíjiān yùndòng.
(아무리 바빠도 당신은 시간을 내서 운동을 해야 합니다)

⑧ 减肥, 本来就是从明天开始的。
Jiǎnféi, běnlái jiùshì cóng míngtiān kāishǐ de.
(다이어트는 본래 내일부터 시작하는 겁니다)

⑨ 我们不该照搬过去的老规矩。
Wǒmen bù gāi zhàobān guòqù de lǎo guīju.
(우리는 과거의 낡은 규정을 답습해서는 안 됩니다)

⑩ 她忙得连午饭都顾不上吃了。
Tā máng de lián wǔfàn dōu gùbushàng chī le.
(그녀는 바빠서 점심 식사조차 신경 쓰지 못했습니다)

단어 해설

挑选 : 고르다, 선택하다
合适 : 적합하다, 알맞다
毛手毛脚 : 일을 대충대충, 경솔하게 처리하다
宝贵 : 소중하다
体验 : 체험, 경험하다
照搬 : 답습하다, 모방하다
规矩 : 규칙, 표준

연습 - 6　　　🔊 5-6

① 可不可以把约会时间提早点儿?
Kě bù kěyǐ bǎ yuēhui shíjiān tízǎo diǎnr?
(약속 시작을 조금 앞당길 수 있습니까?)

② 到春节, 难得一见的人都能见着了。
Dào Chūnjié, nándé yī jiàn de rén dōu néng jiànzháo le.
(춘절이 되면 만나기 어려운 사람들도 모두 만날 수 있습니다)

③ 有些人认为他人的好意是理所当然的。
Yǒu xiē rén rènwéi tārén de hǎoyì shì lǐsuǒdāngrán de.
(어떤 사람들은 타인의 호의가 당연한 것으로 여깁니다)

④ 现在夜生活太丰富了, 晚上都不愿意早点儿睡。
Xiànzài yè shēnghuó tài fēngfù le, wǎnshang dōu bù yuànyì zǎodiǎnr shuì.
(요즘은 밤에 즐길 거리가 매우 다양해서 밤에 일찍 자려고 하지 않습니다)

⑤ 昨天晚上, 我听到了他父亲去世的噩耗。
Zuótiān wǎnshang wǒ tīng dào le tā fùqīn qùshì de èhào.
(어제 저녁에 나는 그의 아버지께 돌아가셨다는 소식을 들었습니다)

⑥ 你看完了别忘给大家分享一下。
Nǐ kàn wán le bié wàng gěi dàjiā fēnxiǎng yī xià.
(당신은 다 보고나면 우리에게 공유하는 걸 잊지 마세요)

⑦ 你能不能帮我在地图上标一下。
　　Nǐ néng bù néng bāng wǒ zài dìtú shang biāo yī xià.
　　(당신은 저에게 지도에 표시해주세요)

⑧ 这么便宜, 不买点儿什么就觉得有点儿吃亏。
　　Zhème piányi, bù mǎi diǎnr shénme jiù juéde yǒu diǎnr chīkuī.
　　(이렇게 싼데, 뭐라도 안 사면 조금 손해 보는 느낌입니다)

⑨ 请问各位谁认识一个叫麻将的人。
　　Qǐngwèn gèwèi shuí rènshi yī ge jiào májiàng de rén.
　　(여러분께 여쭤봅니다, 마짱이라고 불리는 사람을 누구 알고 있습니까?)

⑩ 我爸爸是这家饭馆的老顾客。
　　Wǒ bàba shì zhè jiā fànguǎn de lǎo gùkè.
　　(저희 아버님은 이 식당의 단골 손님입니다)

단어 해설

约会 : 약속
提早 : (예정된 시간보다) 앞당기다
难得 : ~~하기 어렵다
理所当然 : 도리(이치)로 보아 당연하다
去世 : (높임말) 세상을 떠나다, 사망하다
噩耗 : (가까운 사람이 죽었다는) 슬픈 소식, 비보
分享 : 함께 나누다, 공유하다
吃亏 : 손해보다
标 : 표시하다
顾客 : 손님, 고객

연습 - 7

① 吃饭后记得好好儿刷牙。(식사 후에 잊지 말고 양치를 하세요)
Chīfàn hòu jìde hǎohǎor shuāyá.

② 最近这儿的天气一会冷一会热。
Zuìjìn zhèr de tiānqi yī huì lěng yī huì rè.
(최근 여기 날씨가 추웠다 더웠다 합니다)

③ 你别老饿着去上班, 对身体不好。
Nǐ bié lǎo è zhe qù shàngbān, duì shēntǐ bù hǎo.
(자꾸 굶고 출근하지 마세요, 건강에 안 좋습니다)

④ 时间不给他们商量的机会。
Shíjiān bù gěi tāmen shāngliang de jīhuì
(시간은 그들에게 상의할 기회를 주지 않습니다)

⑤ 就被眼前的利益蒙蔽住了双眼。
Jiù bèi yǎnqián de lìyì méngbì zhù le shuāngyǎn.
(눈앞의 이익에 두 눈이 멀었습니다)

⑥ 过好自己的人生比什么都重要。
Guò hǎo zìjǐ de rénshēng bǐ shénme dōu zhòngyào.
(자신의 인생을 잘 사는 것이 무엇보다 중요합니다)

⑦ 成功决不是来自偶尔的努力。
Chénggōng jué bùshì láizì ǒu'ěr de nǔlì.
(성공은 결코 우발적인 노력에서 오는 것이 아닙니다)

⑧ 爱好是一种缓解压力的办法。
Àihào shì yī zhǒng huǎnjiě yālì de bànfǎ.
(취미는 일종의 스트레스를 해소하는 방법입니다)

⑨ 不少人都说年味儿越来越淡。
Bùshǎo rén dōu shuō niánwèir yuè lái yuè dàn.
(설 분위기가 갈수록 예전만 못하다고 많은 사람들이 말합니다)

⑩ 学外语本来就是一件枯燥的过程。
Xué wàiyǔ běnlái jiùshì yī jiàn kūzào de guòchéng.
(외국어 학습은 본래 지루하고 따분한 과정입니다)

단어 해설

刷牙 : 이를 닦다
蒙蔽 : (사실을) 감추다, 가리다
偶尔 : 간혹, 이따금
缓解 : 완화되다, 풀어지다
压力 : 압력, 스트레스
枯燥 : 무미건조하다
过程 : 과정

연습 - 8 🔊 5-8

① 问他们也一句话都不说。
Wèn tāmen yě yī jù huà dōu bù shuō.
(그들에게 물어봐도 한 마디도 하지 않습니다)

② 最近做这种买卖很来钱的。
Zuìjìn zuò zhè zhǒng mǎimai hěn lái qián de.
(최근 이런 업종이 돈벌이가 좋습니다)

③ 韩国人的餐桌上少不了泡菜。
Hánguórén de cānzhuō shàng shǎo bu liǎo pàocài.
(한국인의 식탁에서 김치는 빠질 수가 없습니다)

④ 这件事, 看起来容易做起来很难。
Zhè jiàn shì, kànqǐlái róngyì zuòqǐlái hěn nán.
(이 일은 보기에는 쉬워도 하기는 매우 어렵습니다)

⑤ 我家的电视怎么收不到频道?
Wǒ jiā de diànshì zěnme shōu bu dào píndào?
(우리 집 텔레비전의 채널이 왜 안 나오지?)

⑥ 过去冬天吃不着新鲜的蔬菜。
Guòqù dōngtiān chī bu zháo xīnxiān de shūcài.
(예전에는 겨울에 신선한 채소를 먹지 못했습니다)

⑦ 你走的时候把门锁上就行。
　　Nǐ zǒu de shíhou bǎ mén suǒ shàng jiù xíng.
　　(당신이 떠날 때 문을 잠그기만 하면 됩니다)

⑧ 那个女同学总是坐在老师的旁边。
　　Nà ge nǚ tóngxué zǒngshì zuò zài lǎoshī de pángbiān.
　　(그 여학생은 항상 선생님 옆에 앉습니다)

⑨ 口很渴, 来上一杯冰凉凉的可乐。
　　Kǒu hěn kě, lái shàng yī bēi bīngliángliáng de kělè.
　　(갈증이 매우 심한데, 시원한 콜라 한 잔 마십시다)

⑩ 这些家常菜, 只能在中国人家庭吃得到。
　　Zhè xiē jiāchángcài, zhǐnéng zài Zhōngguórén jiātíng chī de dào.
　　(이런 가정식 요리는 중국인 가정에서만 맛볼 수 있습니다)

단어 해설

来钱 : 돈을 벌다
餐桌 : 식탁
泡菜 : 김치
频道 : (텔레비전) 채널
新鲜 : 신선하다
蔬菜 : 채소, 야채
锁　 : (문, 자물쇠 등) 잠그다
旁边 : 옆
渴　 : 갈증, 목이 타다
冰凉凉 : 매우 차고 시원하다
家常菜 : 가정식 요리

문장을 보지 않고 거울을 보며 말하기를 연습한다.
실제로 중국 사람과 대화를 나눈다는 생각으로
얼굴 표정, 손짓 등을 활용하며 진지하게 연습한다.

말하기와 듣기 연습

01 거울을 보며 실전처럼 말하기

외국어는 문장을 보고 읽는 것보다 말하기가 훨씬 어렵다. 읽기가 눈으로 들어온 외국어 정보(문장, 단어 등)를 입으로 순서대로 읽어내는 과정이라면, 말하기는 전달할 내용을 먼저 뇌에서 해당 외국어로 변환한 후 입으로 전달하는 과정이다. 이 때 **전달해야 될 내용에 따라 강조하듯 큰 소리로 발음하거나, 천천히 혹은 빨리 말하는 등 소리의 강약과 완급 조절이 필요하다.** 여기에 익숙하지 않는 언어에 대한 이질감과 긴장감이 더해지면 자연스럽게 외국어를 말하기란 정말 어렵다.

문장을 잘 읽는다는 건 유창하게 말할 수 있는 기초를 갖춘 단계로서 본격적인 말하기 연습으로 접어들 수 있다. 학습자가 거울을 보며 연습하는 방법을 추천한다. 중국어를 말하는 자신의 모습을 거울로 비춰보면 어색함과 함께 약간의 긴장감도 느낀다. 얼굴 표정, 손동작 등 실제로 중국 사람과 대화를 나눈다는 생각으로 최대한 자연스럽게 말하도록 연습한다. 이런 연습은 아래와 같은 장점이 있다.

첫째 거울에 비친 자신의 모습을 중국인이라고 가정하면 약간의 긴장감을 느낄 수 있다. 실전에서 긴장감을 이겨내는 데 도움을 준다.

둘째 거울 앞에서 중국어를 말해보면, 발음이 부정확하거나 자연스러움이 떨어지는 등 자신의 중국어에서 어색한 점을 발견할 수 있다.

셋째 연기하듯 연습해야 소리의 강약, 완급 조절, 얼굴 표정, 손동작 등을 자연스럽게 익힐 수 있다.

거울을 이용할 때 주의할 점

① 먼저 문장에 익숙해져라.
- 자연스러움은 익숙함이 뒷받침되어야 한다. 중국어 문장을 외울 수 있을 정도로 많이 읽자. 문장을 보지 않고 유창하게 말하려면 자신이 먼저 전달해야 될 문장을 잘 알고 있어야 한다.
- 내용을 정확히 파악해야 소리의 강약 및 완급 조절도 가능하다. 강조하여 전달해야 할 부분이 어디인지를 먼저 명확히 이해하자.

② 큰 소리로 과장되게 연습한다.
- 큰 소리는 긴장감 해소에 유용하다. 실전에서 중국 사람을 만나면 긴장감으로 자신도 모르게 목소리가 작아진다. 큰 소리는 자신감을 높여주는 효과가 있다.
- 거울 앞에 서서 연습한다. 앉아서 연습하는 것보다 동작이 커지고 목소리도 크게 낼 수 있다.

③ 입술의 움직임이 중요하다.
- 입술의 움직임은 정확한 소리를 만드는 데 절대적인 요소이다.
- 발음에 따라 입술을 옆으로 벌리거나 앞으로 동글게 모으는 동작이 제대로 이루어지는지 거울로 꼼꼼히 살핀다. 특히 <ü>는 발음이 끝날 때까지 입술을 동글게 유지해야 한다.

④ 속도를 줄여라.
- 빨리 말하면 유창한 것처럼 보이지만, 정확한 발음으로 또박또박 말하는 게 중요하다.
- 천천히 말하는 습관은 긴장감 속에서 자신의 언어 템포를 일정하게 유지하도록 도와준다.

- 첫 글자를 의도적으로 천천히 발음하자. 첫 글자부터 빨라지면 뒤로 갈수록 말이 빨라져 전체 언어 템포를 조절하기가 어려워진다.

⑤ 짧은 문장부터 말한다.
- 긴 문장을 매끄럽게 말하기 어렵다면 네 글자부터 시작한다. 네 글자 문장은 한 번에 유창하게 말하는 데 어려움이 없다. 또한 짧고 간결한 문장은 긴장감 속에서도 입을 여는 데 도움이 된다.
- 네 글자 위주의 짧은 문장이 익숙해지면, 여섯 글자, 여덟 글자, 열 글자 이상으로 글자 수를 확장해 가며 연습한다.
- 열 글자 내외의 문장은 중간에 쉬지 않고, 한 번의 호흡으로 매끄럽게 말할 수 있을 때까지 반복 연습한다.

⑥ 손동작을 활용하자.
- 자신의 모습이 경직되어 부자연스럽다면 손동작을 활용하자.
- 적절한 손동작은 리듬감을 살릴 수 있어 더욱 자연스럽게 중국어를 할 수 있게 도와준다.

⑦ 긴장감을 유지한다.
- 거울에 비친 자신의 모습을 중국 사람이라고 여기고 대화를 하면 긴장감이 느껴진다.
- 몇몇 문장만 짧게 연습하지 말고, 대화의 한 단락, 한 부분을 통째로 연습해야 효과가 있다.
- 길 묻기, 물건 사기 혹은 간단한 토론 주제를 정해 진지하게 연습한다.

⑧ 연기를 하자
- 드라마, 영화 속의 대사를 자신이 직접 연기 하듯 따라 하는 것도 매우 효과적이다. 주인공 혹은 방송인의 말투를 반복해 들으며 한 문장 한 문장 천천히 따라해 보자.
- 감정을 섞어 말하는 부분과 강약 조절 등을 잘 듣고 따라 해보자. 중국 사람 특유의 억양을 익힐 수 있어 자신의 중국어를 한층 업그레이드 시킬 수 있다.

(거울을 보며 연습한다)

02 우리말 억양을 줄이자.

　억양은 언어의 색깔이다. 우리말을 우리식 억양으로 말해야 자연스러운 것처럼, 중국어도 중국식 억양으로 말해야 자연스럽다. 일부 학습자는 우리말 억양으로 중국어를 말해 어색하게 들릴 때가 있다. 중국어를 중국어답게 구사하려면 억양 연습도 중요하다.

　우리말 억양은 <하강형>으로 단어의 끝부분 혹은 문장 끝으로 갈수록 조금씩 내려가는 특징이 있다. 또한 감정을 배제하면 우리말 억양에는 상승과 하강이 명확하게 드러나지 않는다. 그만큼 우리말은 중국어에 비해 톤(Tone)과 무게 중심이 조금 낮은 편이다. 일부 학습자는 상승과 하강이 거의 없는 평탄한 우리식 억양으로 중국어를 말한다. 다시 말해 중국어 특유의 경쾌하고 역동적인 면이 많이 사라진 <김빠진 콜라> 같은 느낌의 중국어로 들린다.

　중국 사람의 억양을 그대로 따라 하기는 쉽지 않다. 다만 우리말 억양으로 중국어를 하는 어색한 상황은 줄여야 한다. 억양 연습은 어느 한 부분만을 골라서 할 수 있는 건 아니다. 각 단어의 성조와 문장 전체의 톤을 얼마나 중국 사람처럼 비슷하게 유지하느냐가 관건이다. 중국 사람들이 말하는 걸 많이 듣고 흉내 내듯 익혀야 한다.

억양 연습알 때 주의할 점

① 억양 연습은 많이 듣는 것부터 시작한다.
- 중국인의 실생활 대화를 들어보면 말이 빠르고, 감정이 섞여 생동감이 넘친다.
- 대화 속에서 어떤 부분을 강조하여 말하고, 어느 부분을 약하게 빠르게 말하는지를 파악한다.
- 영화, 드라마 등을 보며 여러 상황 속에서 표출되는 등장인물의 억양도 주의 깊게 듣자.
- 啊, 吧, 呢, 嘛, 呗 등 어기 조사의 쓰임새에 집중하여 들어보자. 어기 조사는 대부분 말하는 사람의 기분, 감정, 뉘앙스 등을 표현하며 전체 억양에 영향을 준다. 영화, 드라마 속의 대화를 들으며 상황에 맞는 어기 조사의 표현도 익혀보자.

② 문장 전체의 리듬감을 느껴보자.
- 먼저 음성 자료(교재의 녹음, 영화, 드라마 등)를 들으며 문장 전체의 리듬감을 느껴보자.
- 억양은 말하는 사람의 감정과 관계가 있다. 즐거울 때, 화가 날 때, 슬플 때 등등, 여러 상황에 따라 억양이 조금씩 달라진다. 각 상황별로 달라지는 억양도 잘 들어보자.

③ 성조 연결이 중요하다.
- 글자와 글자가 모여 문장이 되듯, 억양의 기초는 각 글자들의 연결에서 시작된다.
- 각 성조를 부드럽게 이어서 발음하며, 전체 문장의 리듬감을 살리자.

④ 상승과 하강을 명확히 구분한다.
- 중국어의 리듬감은 제2성과 제4성에서 많이 드러난다.
- 제2성은 경쾌하게 올라가고, 제4성은 짧고 강하게 내려가도록 조금 과장되게 연습한다.

⑤ 문장의 무게를 줄여라.
- 우리 학습자의 중국어는 대체로 낮고 무거운 느낌이 든다. 제1성의 음높이를 조금 높여 자신의 중국어 톤(Tone)을 전체적으로 높여서 연습해 보자.
- 중국어의 경쾌함과 리듬감을 살리려면 문장의 무게를 줄여야 한다. 경성, 경음 등을 적극적으로 활용하여 말할 때 성조의 흐름을 가볍게 유지한다.

⑥ 거울 앞에 서서 실전처럼 연습하자.
- 어색하다고 생각하지 말고, 짧은 문장부터 연기하듯 중국식 억양으로 말해보자.
- 강조할 부분에 악센트도 넣고, 완급 조절을 가미하여 생동감 있는 중국어가 되도록 연습하자.
- 연습할 때 소리의 강약이 많이 대비되도록 조금 과장되게 연습하면 좋다.

⑦ 자신의 목소리를 녹음해서 들어보자.
- 녹음은 자신의 중국어에서 어색한 부분을 찾을 수 있는 좋은 방법이다. 특히 영화, 드라마를 보며 쉐도잉을 한다면 녹음은 매우 효과적이다.
- 먼저 비교할 중국어 문장을 고른 후 발음 변화와 억양에 주의하며 들어본다.

- 문장이 익숙해질 때까지 여러 번 읽은 후 녹음을 한다.
- 중국 사람의 말소리와 자신의 녹음을 비교해 보자. 발음, 전체 억양, 말하는 속도 등등, 어색한 부분이 있는지 꼼꼼히 체크한다.
- 영화, 드라마를 보며 쉐도잉을 한다면, 등장인물 중 한 사람을 정해 그의 중국어 대사를 연습해 보자. 한 두 문장만 연습하면 효과가 별로 없다. 한 단락 이상을 연습하는 게 억양 연습에 좋다. 특히 그의 말투를 흉내 내며 마치 자신이 연기를 하듯 말해보자.

참고 **본인의 목소리가 아닌 것처럼 들리는 이유**

<내 목소리가 진짜 이런가??> 누구든지 자신의 목소리를 녹음해서 들어보면 본인의 목소리가 아닌 것처럼 들린다. **자신의 목소리가 어색하게 느껴지는 이유는 듣는 경로가 다르기 때문**이다. 다른 사람의 목소리는 공기의 진동으로 귀에 전해지고, 귓속의 여러 장치(달팽이관 등)를 거쳐 뇌로 전달된다. 하지만 본인의 목소리는 이런 과정(공기의 진동 ---> 달팽이관 ---> 뇌) 없이 뇌와 청각 신경이 직접 연결된 경로로 듣게 된다. 귀를 통해 듣는 소리와 뇌와 연결된 청각 신경으로 듣는 소리는 약간 다르다고 한다. 이로 인해 녹음된 자신의 목소리를 귀를 통해 들으면 어색하게 들린다.

이런 점 때문에 많은 학습자가 자신의 목소리를 녹음하여 듣는 걸 꺼린다. 녹음은 발음과 억양을 교정할 때 유용하지만, 자신의 목소리가 어색한 탓인지 꾸준히 하질 못한다. 처음에는 어색하고 번거롭다. 하지만 지속적으로 녹음과 비교를 통해 억양을 고쳐 중국 사람처럼 자연스럽게 말해보자.
문법에서 중국식 표현이 중요하듯, 말할 때는 중국식 억양이 중요하다.

03 듣기 연습

회화는 쌍방향 소통이다. 제대로 알아들어야 원활하게 소통이 되듯, 듣기는 회화에서 말하기만큼 중요하다. 듣기 능력을 향상시키려면 먼저 일정한 수준의 어학 실력이 뒷받침되어야 한다. 기본적인 문장 구조를 이해하고 필수 단어는 반드시 암기해야 한다. 이것은 학습자 머릿속에 외국어 정보가 이미 저장되어 있는 걸 말하며 듣기에 절대적인 영향을 미친다.

01 할 줄 아는 만큼만 알아듣는다.

사람의 귀는 세상의 모든 소리를 원형 그대로 듣고 신경 조직을 통해 뇌로 보낸다. 귀를 통해 들어온 **소리 정보**는 이미 뇌에 저장된 **관련 정보**와 대조하는 과정을 거친다. 이 때 소리 정보가 관련 정보와 일치할 때 비로소 **인지 정보**로 바뀌어 그 내용을 이해한다. 사람은 머릿속에 이미 입력된 정보와 일치된 소리만 선택적으로 받아들이고, 나머지는 무의미한 소리(일종의 잡음)로 여기고 대부분 흘려보낸다.

외국어도 여기에 해당된다. 머릿속에 이미 외국어 정보가 저장되어 있어야 그 소리를 듣고 무슨 뜻인지 판단한다. 쉽게 말해서 알고 있으면 이해되고, 모르면 아무리 들어도 모른다. 어떤 학습자는 뉴스, 영화 등을 많이 보고 들으면 듣기 능력이 향상된다고 여긴다. 틀린 말은 아니다. 하지만 반복해서 들으며 새로운 단어를 찾아 암기하는 복습 과정이 없다면 기대만큼 큰 효과가 없다. 많이 들으면 소리에 대한 적응력이 높아져 친숙함이 생길 뿐, 알아듣는 것과는 거리가 멀다. 읽기, 쓰기, 말하기 등 단계별 연습을 통해 머릿속에 외국어 정보를 차곡차곡 쌓아놓아야 한다. 그렇지 않다면 아무리 들어도 못 알아듣는다. 무작정 듣기만 해도 듣기 능력이 향상되는 마법 같은 방법은 이 세상 어디에도 존재하지 않는다. 그저 게으른 자의 허황된 희망 사항일 뿐이다.

외국어 듣기 능력이 좋다는 건 이미 머릿속에 많은 외국어 정보가 소리로서 저장되어 있음을 의미한다. 단순히 눈으로 보고, 손으로 써서 외우는 방법으로는 듣기 능력을 향상시키는 데 한계가 있다. 한자를 손으로 쓰면서 획순과 모양을 시각적으로 저장하듯, 문장을 소리 내어 읽고 들으면서 청각적으로 저장해야 한다.

02 효과적인 듣기 학습법

듣기는 아래의 다섯 단계로 나누어 연습한다. 듣기는 반복 청취가 매우 중요하다. 다만 동일한 내용을 반복해서 들으면 집중력이 떨어진다. 따라서 집중해서 들으려면 한 번에 많이 듣는 것보다 짧은 분량으로 나누어 여러 번 듣는 게 효과적이다.

단 계	연 습 방 법
1 단계	자막 없이 듣기
2 단계	자막을 보며 듣기
3 단계	자막을 보며 못 알아들은 부분 정리하기
4 단계	자막을 보지 않고 다시 듣기
5 단계	못 알아들은 부분을 큰 소리로 읽기

① 반드시 자막이 있는 듣기 자료를 준비한다.
- 여러 경로(Youtube, 百度 등)를 통해 자막이 있는 듣기 자료(영화, 드라마 등)를 준비한다. 자막(정답) 없는 듣기 연습은 효과가 떨어진다.
- 집중력 있는 듣기를 위해 한 번에 들을 수 있는 분량을 1~2분 정도로 한정한다.

② 먼저 자막을 보지 않고 듣는다.
- 자막을 보지 않고 들으며 못 알아듣는 부분은 넘어간다. 전체 내용을 파악하는 데 중점을 둔다.
- 자막을 보지 않고 반복해서 들으며 모르는 부분(주로 단어)을 한어병음으로 적는다. 성조까지 정확하게 표시하지 않더라도 자음과 모음을 받아 적는다. 자신의 청각 판별 능력을 향상시킨다.

③ 못 알아들었던 부분을 확인한다.
- 자막을 보고 들으며 자신이 못 알아들었던 부분을 확인한다.
- 못 알아들었던 단어, 문구 등을 사전에서 찾아 따로 적어놓는다.
- 자신이 받아 적었던 한어병음과 대조해 보자. 정확히 받아 적었는지, 어디가 틀렸는지 체크한다.

④ 자막을 보지 않고 다시 들어보자.
- 못 알아들었던 부분이 해소되었으면 자막을 보지 않고 다시 들어본다.
- 잘 못 알아들었던 부분의 문장 구조를 이해하는 데 초점을 맞춘다.

⑤ 큰 소리로 천천히 읽어보자.
- 듣기 능력을 향상시키려면 소리로서 외국어 정보를 머릿속에 저장해야 한다. 반드시 큰 소리로 읽어야 효과가 있다.

- 새로운 단어, 문장 패턴 등 자신이 못 알아들었던 부분을 집중적으로 반복해서 읽는다.

03 듣기의 집중력을 높여라.

듣기는 앞서 언급한 대로 짧은 시간에 집중력 있게 듣는 게 좋다. 집중력을 유지하며 듣기 능력을 향상시키는 방법을 소개한다.

① 글자를 받아 적듯 집중해서 듣는다.
- 귀로 들리는 소리를 순서대로 머릿속에서 받아 적듯이 들어보자. 한 글자 한 글자 집중하며 들을 수 있다.
- 이 방법은 자막을 확인한 후, 자막을 보지 않고 반복해서 들을 때 유용하다. 같은 내용을 반복해서 듣다보면 자신도 모르게 집중력이 떨어지기 때문이다.

② 머릿속에 문장 구조를 그린다.
- 짧은 시간에 휙~~ 지나가는 상대의 말을 듣고 이해하려면 문장 구조를 알아야 수월하다.
- 말하기에는 특정 단어와 동사 등이 어울리는 일정한 패턴이 있다. 이런 패턴을 많이 알고 있다면 듣기에 유리하다.
- 머릿속으로 <주어 + 동사 + 목적어>라는 기본 문형을 그리며 들어보자. 이런 연습은 우리말과 서술 패턴이 다른 중국어 문형에 빨리 익숙해져 듣기에 도움이 된다.

③ 들리는 대로 따라서 말해 보자.
- 동일한 내용을 여러 번 들으면 문장이 익숙해진다. 이 때 동시 통역을 하듯 한 문장이 끝날 때마다 음성 자료를 멈추고 자신이 그 문장을 똑

같이 따라서 말해보자.
- 자막을 보지 않고 따라하는 이 방법은 고도의 집중력과 언어 실력이 요구된다. 처음에는 어렵지만 짧은 문장부터 천천히 연습해 보길 권한다.
- 주의할 것은 빨리 말하려고 대충 얼버무리거나 적당히 발음해선 안 된다. 정확히 말할 수 없다면 문장이 익숙해질 때까지 자막을 보며 여러 차례 읽어본다.
- 처음에는 어려워도 점차 숙달되면 언어의 순발력이 좋아져 말하기 능력도 향상된다.

④ 중국인의 언어 템포에 집중한다.
- 뜻을 이해하고 문장이 익숙해졌다면 이제는 중국 사람의 언어 템포에 집중하여 들어보자.
- 알아듣는다고 그냥 흘리지 말자. 음악의 리듬과 멜로디에 맞춰 몸이 반응하듯 중국 사람의 언어 템포를 몸으로 느껴보자. 중국어 억양을 익히는 데 많은 도움이 된다.

⑤ 절대로 자막을 보면서 듣지 않는다.
- 눈에 보이는 자막은 듣기의 집중력을 무디게 만든다. 눈으로 의미가 파악되면 더 이상 집중해서 듣지 않는다.
- 불편하고 어려워도 자막은 보지 않는 게 듣기 능력을 향상시킨다. 자막은 내용이 어느 정도 파악되었거나, 도저히 못 알아들을 때 본다.

> 참고

듣기는 다른 연습보다 반복이 중요한 꽤 지루한 과정이다. 그래서 평소 좋아하는 영화, 드라마 등을 보면서 연습하길 추천한다. 중요한 건 반복 청취와 복습을 병행해야 원하는 결과를 얻을 수 있다. 또한 남녀노소, 다양한 계층의 목소리를 들으며 듣기 적응력을 높여야 한다. 아나운서, 영화 배우 등은 정확한 발음으로 말하기 때문에 알아듣기가 비교적 수월하다. 하지만 우리가 접하는 중국 사람들이 모두 정확한 발음으로 말하는 건 아니다. 다양한 음성 자료를 통해 각양각색의 목소리를 경험해 보는 것도 듣기 능력 향상에 도움이 된다.

(글자를 받아 적듯 집중해서 듣는다)

올바른 문장을 만들어야 하는 심리적 부담감을 줄이고,
자신이 활용하기 편하도록 문법을 단순화시킨다.
또한 중국어 고유의 어법적 패턴과 표현 방식을 활용하여
중국어다운 문장을 만들어 회화에서 활용한다.

문장 활용하기

01 문법을 단순화시켜라

회화는 짧은 시간에 문장을 만들어 상대와 대화를 주고받는 과정이다. 단어를 선택하고 문법 지식을 이용하여 **올바른 문장**을 만들어 전달해야 한다. 이 때 올바른 문장은 많은 학습자들에게 심리적 압박감으로 다가온다. 이 문장이 문법적으로 맞는지?? 문장이 틀렸다고 상대방이 비웃는 건 아닌지 등등, 올바른 문장에 대한 부담감은 적극적으로 말을 해야 하는 학습자를 위축시켜 실력 향상을 더디게 한다.

회화를 잘하려면 정확한 발음 못지않게 올바른 문장을 만드는 능력도 중요하다. 학습자들이 많은 시간을 문법 학습에 할애하지만 문법의 모든 내용을 회화에서 능수능란하게 활용하기가 어렵다.

따라서 회화에서 올바른 문장을 순발력 있게 만들려면 여러 문법 내용을 단순하게 재구성하는 과정이 필요하다. 이런 과정은 학습자에게 아래와 같은 효과를 가져다준다.

> 첫째 문법적 오류를 최소화하여 잘못된 문장으로 인한 심리적 부담감을 줄인다.
> 둘째 자신만의 문장 패턴을 만들어 유창하게 말할 수 있도록 도와준다.

또한 중국어는 우리말과 달리 조사가 거의 없어 글자(혹은 단어)의 배열 순서가 중요한 문법적 기능을 수행한다. 이런 점은 중국어 문장을 구성하는 핵심적인 부분으로 문법 특징을 이해하고 활용하는 데 필요하다.

01 문장 내 위치가 중요하다.

중국어는 같은 글자(혹은 단어)라도 문장 속 위치(혹은 배열 순서)에 따라 문장 성분이 결정되고 의미도 달라진다. 아래 예문의 단어(혹은 글자)가 각 구역별로 어떤 문법적 기능과 뜻을 가지고 있는지 알아본다.

▶ **我们学习英语。** (우리들은 영어를 **공부합니다**)
  → <学习>는 서술어(동사)로 사용

▶ **学习很重要。** (**공부**는 매우 중요합니다)
  → <学习>는 명사로서 주어 역할을 한다.

주어	수식어	서술어	보어	목적어
我们		学习		英语
学习	很	重要		

▶ **钢琴很难学。** (피아노는 배우기가 **매우** 어렵습니다)
  → <很>은 부사로 사용

▶ **他身体好得很。** (그는 **매우** 건강합니다)
  → <很>은 <好>와 어울려 정도보어로 사용한다.

주어	수식어	서술어	보어	목적어
钢琴	很 难	学		
他身体		好	得 很	

▶ **男同学挺多。** (남학생이 매우 **많습니다**)
  → <多>는 서술어로 사용된다.

▶ 你们多吃。 (당신들 **많이** 드세요)
→ <多>는 동사 앞에 위치하여 부사로 사용된다.

▶ 我们吃多了。 (우리들은 **많이** 먹었습니다)
→ <多>는 <吃> 뒤에 놓여 결과보어로 사용된다.

주어	수식어	서술어	보어	목적어
男同学	挺	多		
你们	多	吃		
我们		吃	多 了	

▶ 东西真好。 (물건이 정말 **좋습니다**)
→ <好>는 서술어로 사용된다.

▶ 今天好冷。 (오늘은 **매우** 춥습니다)
→ <好>는 부사로 사용된다.

▶ 行李都准备好了。 (짐은 모두 **잘** 준비했습니다)
→ <好>는 동사 뒤에 놓여 결과보어로 사용된다.

주어	수식어	서술어	보어	목적어
东西	真	好		
今天	好	冷		
行李	都	准备	好 了	

▶ 他在美国。 (그는 미국에 **있습니다**)
→ <在>는 서술어(동사)로 사용된다.

▶ 他在美国学习英语。(그는 미국에서 영어를 공부합니다)
→ <在>는 장소와 어울려 개사 구조로 사용된다.

▶ 他在学习英语。(그는 영어를 공부하고 있습니다)
→ <在>는 서술어 <学习> 앞에 쓰여 진행형을 나타내는 부사로 사용된다.

주어	수식어	서술어	보어	목적어
他		在	美国	
他	在 美国	学习		英语
他	在	学习		

02 문장을 다섯 개 구역으로 나누어 활용한다.

중국어는 <주어 + 동사 + 목적어>로 배열만 잘해도 기초적인 문장은 만들 수 있다. 여기에 다양한 표현을 위해 주어와 서술어 사이에 **<시간 명사 + 부사(부정사 포함) + 조동사 + 개사 구조 + 地구조>** 순으로 배열하면 웬만한 문장은 큰 오류 없이 만들 수 있다. 이런 배열 순서가 중요한 이유는 <문장 틀>을 만드는 데 있다. **문장 틀이란 여러 단어와 문장 성분을 문법에 맞게 나열할 수 있도록 도와주는 일종의 배열표이다.** 회화를 잘 하려면 자신이 능수능란하게 활용할 수 있는 <문장 틀>이 있어야 한다.

▶ 기본적인 문장 성분 배열표

주어	수식어					서술어	보어	목적
	시간 명사	부사 (부정사)	조동사	개사 구조	地 구조			

위의 수식어 부분은 여러 문법 요소를 포함하는 데, 의미 전달의 중점을 어디에 두느냐에 따라 배열 순서가 다소 유동적이다. 이로 인해 학습자가 문장을 만들 때 혼돈하기 쉽다. 그래서 의미 전달에 영향을 미치지 않는 범위에서 배열 순서를 위와 같이 정해놓으면 문장을 만드는 데 유리하다.

다만 시간 명사 혹은 일부 어기를 표현하는 부사(难道, 其实 등)는 문장 맨 앞에 위치할 때도 있으니 주의한다.

① 주어 + 수식어(부사/부정사) + 서술어 + 보어 + 목적어

- 부사는 서술어 앞에 위치하여 동작에 대한 범위, 시간, 빈도, 부정, 어기 등을 나타낸다.

▶ **爸爸早上十点才起床了。**

Bàba zǎoshang shí diǎn cái qǐchuáng le.

(아버지는 아침 10시가 되어서야 일어나셨습니다)

주어	수식어					서술어	보어	목적어
	시간명사	부사(부정사)	조동사	개사구조	地구조			
爸爸	早上十点	才				起床		

▶ **我从来没去过日本。** (나는 일본에 가본 적이 없습니다)

Wǒ cónglái méi qù guò Rìběn.

주어	수식어					서술어	보어	목적어
	시간명사	부사(부정사)	조동사	개사구조	地구조			
我		从来 没				去	过	日本

▶ 今天有点儿冷。(오늘은 조금 춥습니다)
Jīntiān yǒu diǎnr lěng.

주어	수식어					서술어	보어	목적어
	시간 명사	부사 (부정사)	조동사	개사 구조	地 구조			
今天		有点儿				冷		

▶ 我们明天还要去一趟。(우리는 내일 한 번 더 다녀와야 합니다)
Wǒmen míngtiān hái yào qù yī tàng.

주어	수식어					서술어	보어	목적어
	시간 명사	부사 (부정사)	조동사	개사 구조	地 구조			
我们	明天	还	要			去	一趟	

▶ 他们都很喜欢看足球比赛。
Tāmen dōu hěn xǐhuan kàn zúqiú bǐsài.
(그들은 모두 축구 경기 관람을 좋아합니다)

주어	수식어					서술어	보어	목적어
	시간 명사	부사 (부정사)	조동사	개사 구조	地 구조			
他们		都 很				喜欢 看		足球比赛

▶ 中国人通常不吃生鱼片。

Zhōngguórén tōngcháng bù chī shēngyúpiàn.

(중국 사람은 일반적으로 생선회를 먹지 않습니다)

주어	수식어				서술어	보어	목적어
	부사(부정사)	조동사	개사 구조	地 구조			
中国人	通常 不				吃		生鱼片

▶ 妈妈正在准备晚饭呢。 (어머니는 저녁 식사를 준비하고 계십니다)

Māma zhèngzài zhǔnbèi wǎnfàn ne.

주어	수식어				서술어	보어	목적어
	부사(부정사)	조동사	개사 구조	地 구조			
妈妈	正在				准备		晚饭

※ <正在> 외에 <正> 또는 <在>를 동사 앞에 놓아 진행형을 나타낼 수 있다. 이 때 문장 끝에 <呢>를 붙여도 좋다. 이밖에 동사 뒤에 <着>를 붙여 동작의 진행형을 표현할 수도 있다.

보충 예문

▶ 他们在看什么呢? (그들은 무엇을 보고 있습니까?)

Tāmen zài kàn shénme ne?

▶ 爸爸骑着自行车去超市。

Bàba qí zhe zìxíngchē qù chāoshì.

(아버지는 자전거를 타고 슈퍼마켓에 갑니다)

> [참고]

어기를 나타내는 일부 부사는 주어 앞 혹은 문장 맨 앞에 오기도 한다.

> [보충 예문]

▶ **其实**我们都已经知道她是个中国人。

Qíshí wǒmen dōu yǐjing zhīdao tā shì ge Zhōngguórén.

(우리는 사실 그녀가 중국인이라는 걸 이미 알고 있습니다)

▶ **难道**你不知道这件事吗? (설마 당신은 이 일을 모르고 있습니까?)

Nándào nǐ bù zhīdao zhè jiàn shì ma?

② 주어 + 수식어(조동사) + 서술어 + 보어 + 목적어

- 조동사는 동사 앞에 쓰여 가능, 희망, 능력, 의무, 추측 등을 나타낸다.

▶ **你们一定要学汉语。** (당신들은 반드시 중국어를 배워야 합니다)
　　Nǐmen yīdìng yào xué Hànyǔ.

주어	수식어				서술어	보어	목적어
	부사(부정사)	조동사	개사구조	地구조			
你们	一定	要			学		汉语

▶ **我们都不想吃香菜。** (우리는 모두 고수를 먹고 싶지 않습니다)
　　Wǒmen dōu bù xiǎng chī xiāngcài.

주어	수식어				서술어	보어	목적어
	부사(부정사)	조동사	개사구조	地구조			
我们	都 不	想			吃		香菜

▶ **他还不会开车呢。** (그는 여전히 운전을 할 줄 모릅니다)
　　Tā hái bù huì kāichē ne.

주어	수식어				서술어	보어	목적어
	부사(부정사)	조동사	개사구조	地구조			
他	还 不	会			开		车

▶ 我三天没能去上班了。(나는 사흘 동안 출근을 할 수 없었습니다)
Wǒ sān tiān méi néng qù shàngbān le.

주어	수식어				서술어	보어	목적어
	부사(부정사)	조동사	개사구조	地구조			
我	三天 没	能			去 上班		

⚠ **주의**

조동사는 대부분 <不>로 부정형을 표시하지만, <想>, <能>은 <不>와 <没>로 부정할 수 있다.

▶ 不可以在墙上贴广告。(벽에 광고를 붙이면 안 됩니다)
Bù kěyǐ zài qiángshàng tiē guǎnggào.

주어	수식어				서술어	보어	목적어
	부사(부정사)	조동사	개사구조	地구조			
	不	可以		在 墙上	贴		广告

▶ 我愿意付出很大努力。(나는 많은 노력을 기울이고 싶습니다)
Wǒ yuànyì fùchū hěn dà nǔlì.

주어	수식어				서술어	보어	목적어
	부사(부정사)	조동사	개사구조	地구조			
我		愿意			付	出	很大努力

③ 주어 + 수식어(개사 구조) + 서술어 + 보어 + 목적어

- 개사 구조는 개사 + 명사(혹은 명사구)로 이루어진 성분으로 동사 앞에 위치하여 동작의 장소, 시간, 원인, 방식, 대상 등을 설명한다.
- <把字句>, <被字句>, <比字句> 등등 특수 구문도 개사 구조로 이해하면 활용하기가 편하다.

▶ 你们不应该在这儿吃东西。

Nǐmen bù yīnggāi zài zhèr chī dōngxi.

(당신들은 여기서 음식을 먹으면 안 됩니다)

주어	수식어				서술어	보어	목적어
	부사 (부정사)	조동사	개사 구조	地 구조			
你们	不	应该	在 这儿		吃		东西

▶ 他们想给你买一本书。

Tāmen xiǎng gěi nǐ mǎi yī běn shū.

(그들이 당신에게 책 한 권을 선물하려 합니다)

주어	수식어				서술어	보어	목적어
	부사 (부정사)	조동사	개사 구조	地 구조			
他们		想	给 你		买		一本书

▶ 老师忽然从外边跑进来了。

Lǎoshī hūrán cóng wàibiān pǎo jìnlái le.

(선생님은 갑자기 밖에서 뛰어 들어오셨습니다)

주어	수식어				서술어	보어	목적어
	부사 (부정사)	조동사	개사 구조	地 구조			
老师	忽然		从 外边		跑	进来	

▶ 我今天主要想跟你们聊聊中国菜。

Wǒ jīntiān zhǔyào xiǎng gēn nǐmen liáoliáo Zhōngguó cài.

(나는 오늘 주로 여러분과 중국 음식에 관해 이야기하겠습니다)

주어	수식어					서술어	보어	목적어
	시간 명사	부사 (부정사)	조동사	개사 구조	地 구조			
我	今天	主要	想	跟 你们		聊聊		中国菜

▶ 你们一定要把英文学好。

Wǒmen yīdìng yào bǎ Yīngwén xué hǎo.

(당신들은 반드시 영어를 잘 배워야 합니다)

주어	수식어				서술어	보어	목적어
	부사 (부정사)	조동사	개사 구조	地 구조			
你们	一定	要	把 英文		学	好	

▶ 妈妈曾经想把这本小说翻译成韩文。

Māma céngjīng xiǎng bǎ zhè běn xiǎoshuō fānyì chéng Hánwén.

(어머니는 전에 이 소설을 우리말로 번역하고 싶었습니다)

주어	수식어				서술어	보어	목적어
	부사 (부정사)	조동사	개사 구조	地 구조			
妈妈	曾经	想	把 这本小说		翻译	成韩文	

⚠️ 주의

<把字句>는 목적어를 <把>와 함께 동사 앞으로 옮긴 문형으로 동작을 구체적으로 표현해야 한다. 동사 뒤에 각종 보어 또는 부가 성분(了, 着, 过) 등을 첨가하여 상세히 표현한다.

보충 예문

▶ 弟弟很饿, 他把剩下的饭都吃光了。

Dìdi hěn è, tā bǎ shèngxià de fàn dōu chī guāng le.

(동생은 배가 너무 고파 남아있던 밥을 모두 먹어치웠다)

▶ 我还没把这本词典还给老师。

Wǒ hái méi bǎ zhè běn cídiǎn huán gěi lǎoshī.

(나는 아직 이 사전을 선생님께 돌려드리지 않았습니다)

▶ 今天比昨天更冷。 (오늘은 어제보다 더 춥습니다)

Jīntiān bǐ zuótiān gèng lěng.

주어	수식어				서술어	보어	목적어
	부사 (부정사)	조동사	개사 구조	地 구조			
今天			比 昨天		更 冷		

⚠️ 주의
<比>를 이용한 비교급 문장에서 부사(还, 更)는 서술어 앞에 온다.

▶ **这里的物价比我们贵两倍。**
　Zhè li de wùjià bǐ wǒmen guì liǎng bèi.
　(이 곳의 물가는 우리보다 2배 비쌉니다)

주어	수식어				서술어	보어	목적어
	부사 (부정사)	조동사	개사 구조	地 구조			
这里的物价			比 我们		贵	两倍	

⚠️ 주의
비교급 문장은 서술어 뒤에 보어를 이용하여 비교 결과를 구체적으로 나타낼 수 있다.

▶ **那本书已经被他们借走了。** (그 책은 이미 그들이 빌려 갔습니다)
　Nà běn shū yǐjing bèi tāmen jiè zǒu le.

주어	수식어				서술어	보어	목적어
	부사 (부정사)	조동사	개사 구조	地 구조			
那本书	已经		被 他们		借	走	

▶ 妈妈的钱包被偷走了。 (어머니의 지갑은 도둑맞았습니다)
Māma de qiánbāo bèi tōu zǒu le.

주어	수식어				서술어	보어	목적어
	부사 (부정사)	조동사	개사 구조	地 구조			
妈妈的钱包			被		偷	走	

⚠️ 주의

<被字句>는 <被> 뒤에 행위자를 생략하고 바로 서술어와 이어서 쓸 수 있다.

④ 주어 + 수식어(地 구조) + 서술어 + 보어 + 목적어

- 주로 형용사, 부사 뒤에 <地>가 붙고, 동사 앞에 쓰여 부사어 역할을 한다. 우리말의 <~~하게 / 히> 등의 뜻으로 쓰인다.
- 회화에서는 종종 <地>를 생략하고 말하기도 한다.

▶ 警察很怀疑地问她呢。
jǐngchá hěn huáiyí de wèn tā ne.
(경찰은 매우 의심스러운 듯이 그녀에게 물었습니다)

주어	수식어				서술어	보어	목적어
	부사 (부정사)	조동사	개사 구조	地 구조			
警察	很			怀疑 地	问		她

▶ 你们一定要细细地观察这个现象。

Nǐmen yīdìng yào xìxì de guānchá zhè ge xiànxiàng.

(당신들은 반드시 이 현상을 자세히 관찰해야 합니다)

주어	수식어				서술어	보어	목적어
	부사 (부정사)	조동사	개사 구조	地 구조			
你们	一定	要		细细 地	观察		这个想象

▶ 那些书在书架上整整齐齐地摆着。

Nà xiē shū zài shūjià shàng zhěngzhěngqíqí de bǎizhe.

(그 책들은 책꽂이 위에 가지런히 꽂혀 있습니다)

주어	수식어				서술어	보어	목적어
	부사 (부정사)	조동사	개사 구조	地 구조			
那些书			在书架上	整整齐齐 地	摆着		

▶ 你可别糊里糊涂地过日子阿。

Nǐ kě bié húlihútu de guò rìzi a.

(당신은 제발 흐리멍덩하게 살지 마세요)

주어	수식어				서술어	보어	목적어
	부사 (부정사)	조동사	개사 구조	地 구조			
你	可 别			胡里胡涂 地	过		日子

▶ 他们**又快又好地**处理了。(그들은 빠르고 잘 처리했습니다)
　Tāmen yòu kuài yòu hǎo de chǔlǐ le.

주어	수식어				서술어	보어	목적어
	부사 (부정사)	조동사	개사 구조	地 구조			
他们				又快又好 地	处理		

※ 병렬을 나타내는 <又~ 又~ > 뒤에 <地>를 붙여 <地 구조>로 만든 형태이다.

▶ 老师让我**一个一个地**说明这些问题。
　Lǎoshī ràng wǒ yī ge yī ge shuōmíng zhè xiē wèntí.
　(선생님은 나에게 이 문제들을 하나하나 설명해 보라고 하셨습니다)

주어	수식어				서술어	보어	목적어
	부사 (부정사)	조동사	개사 구조	地 구조			
老师			让 我	一个一个 地	说明		这些问题

⚠️ **주의**

수식어 부분의 각 성분들은 위치가 반드시 고정된 건 아니다. 언어 습관 또는 의미 전달의 순서 등에 따라 위치가 유동적이다. 다만 **위치가 달라도 의미에 큰 변화가 없다면 일정한 배열 패턴을 유지하는 게 활용하기 편하다.**

보충 예문

▶ 那个孩子忽然**从外边**跑进来了。
　(= 那个孩子**从外边**忽然跑进来了)
　Nàge háizi hūrán cóng wàibiān pǎojìnlái le.
　(그 아이가 갑자기 밖으로부터 뛰어 들어왔다)

▶ 他已经在中国学过两年汉语了。
(= 他在中国已经学过两年汉语了)

Tā yǐjing zài Zhōngguó xué guò liǎngnián Hànyǔ le.

(그는 이미 중국에서 2년동안 중국어를 배웠다)

▶ 请你给我们简单地介绍一下。
(= 请你简单地给我们介绍一下)

Qǐng nǐ gěi wǒmen jiǎndānde jièshào yīxià.

(우리들에게 간단하게 소개해 주십시오)

▶ 他向我们激动地跑来。(= 他激动地向我们跑来)

Tā xiàng wǒmen jīdòng de pǎo lái.

(그는 흥분해서 우리를 향해 달려왔습니다)

⑤ 주어 + 수식어 + 서술어 + 보어 + 목적어

- 보어는 서술어(동사 혹은 형용사) 뒤에 붙어 행위 혹은 상황을 구체적으로 설명하는 성분이다.
- 각종 보어에서 주의할 점은 목적어의 위치이다. 기본적으로 보어는 서술어와 한 덩어리로 구성되지만, 경우에 따라 목적어가 서술어와 보어 사이에 위치할 수도 있으니 주의한다.
- 보어는 가장 중국적인 표현으로 회화에서 빈번하게 사용되는 중요한 문법이다. 여기서는 전체 문장 속에서 서술어와 보어의 배열 순서와 위치를 잘 익혀두는 것에 중점을 둔다.

(자세한 보어 용법은 168쪽 참고)

결과보어

결과보어는 서술어 뒤에 위치하여 동작의 변화, 결과 등을 나타낸다. 동사 뒤에 오는 결과보어는 주로 동사 또는 형용사이다.

▶ 我们都看完这本书了。 (우리는 모두 이 책을 다 보았습니다)
　Wǒmen dōu kàn wán zhè běn shū le.

주어	수식어				서술어	보어	목적어
	부사(부정사)	조동사	개사구조	地 구조			
我们	都				看	完	这本书

▶ 他还没听明白老师的说明。
　Tā hái méi tīng míngbai lǎoshī de shuōmíng.
　(그는 여전히 선생님의 설명을 이해하지 못했습니다)

주어	수식어				서술어	보어	목적어
	부사(부정사)	조동사	개사구조	地 구조			
他	还没				听	明白	老师的说明

▶ 我以前常常写错了这个汉字。
　Wǒ yǐqián chángcháng xiě cuò le zhè ge Hànzì.
　(나는 전에 자주 이 글자를 잘못 썼습니다)

주어	수식어					서술어	보어	목적어
	시간명사	부사(부정사)	조동사	개사구조	地구조			
我	以前	常常				写	错	这个汉字

⚠️ 주의

결과보어 문장에서 목적어를 동사(혹은 문장) 앞에 놓기도 한다. 이런 경우는 대부분 습관적이거나 목적어를 부각시키는 의미가 있다.

보충 예문

▶ **那间房间**你收拾好了吗? (저 방을 당신은 다 정리했습니까?)
   Nà jiān fángjiān nǐ shōushi hǎo le ma?

▶ **单位的工作报告**我都写好了。
   Dānwèi de gōngzuò bàogào wǒ dōu xiě hǎo le.
   (회사 업무 보고서는 내가 이미 다 썼습니다)

⚠️ 주의

결과보어는 일반적으로 <没>로 부정형을 표현하지만, 가정 혹은 조건을 나타낼 때는 <不>로 부정한다.

▶ 我都找了半天了, 还是**没**找到。
   Wǒ dōu zhǎo le bàntiān le, háishì méi zhǎodào.
   (나는 한참을 찾았지만 여전히 찾지 못했습니다)

▶ 你们**不**说清楚, 连老师都帮不了。
   Nǐmen bù shuō qīngchu, lián lǎoshī dōu bāng bu liǎo.
   (당신들이 자세히 말하지 않으면 선생님도 도와줄 수 없습니다)
   ※ 가정, 조건을 결과보어로 나타낼 때 <不>를 사용하여 표현한다.

[참고]

우리말은 행위에 대한 결과를 <어근 + 어미>로 한다. 예를 들어, <찾다 → 찾 + 았다>, <잡다 → 잡 + 았다> 등으로 표현한다. 이런 모국어의 영향으로 일부 학습자들은 결과보어를 써야 될 문장을 동사 뒤에 <了>를 붙여 <找了>, <抓了> 등으로 표현하는 문법적인 오류를 범한다. **중국어는 동사가 행위 자체만을 나타낼 뿐 행위에 따른 결과는 반드시 보어로 설명해야 한다.** 따라서 <找 → 找到 / 找着>, <抓 → 抓住>라고 표현해야 한다.

[정도보어]

정도보어는 동사 혹은 형용사 뒤에 놓여 동작 혹은 행위의 상황이 어느 정도에 도달했는지 설명한다.

▶ **他说英语说得非常流利。** (그는 영어를 매우 유창하게 말합니다)
Tā shuō Yīngyǔ shuō de fēicháng liúlì.

주어	수식어				서술어	보어	목적어
	부사(부정사)	조동사	개사구조	地 구조			
他					说英语 说	得 非常流利	

▶ **她们这几天忙得不可开交。**
Tāmen zhè jǐ tiān máng de bù kě kāi jiāo.
(요 며칠 그녀들은 눈코 뜰 새 없이 바쁩니다)

주어	수식어					서술어	보어	목적어
	시간명사	부사(부정사)	조동사	개사구조	地 구조			
她们	这几天					忙	得 不可开交	

▶ 妈妈洗得简直没法再干净。

Māma xǐ de jiǎnzhí méi fǎ zài gānjìng.

(어머니는 더는 깨끗하게 할 수 없을 만큼 빨았습니다)

주어	수식어					서술어	보어	목적어
	시간명사	부사(부정사)	조동사	개사구조	地구조			
妈妈						洗	得 简直没法 再干净	

⚠ 주의

정도보어의 부정형은 술어(동사 혹은 형용사)를 부정하는 것이 아니라 보어를 부정형으로 만든다.

▶ 弟弟跑得不快。(동생은 빨리 뛰지 못한다)
   弟弟不跑得快。(X)
   ※ 동사 앞에 <不>가 올 수 없고, <快> 앞에 와야 한다.

▶ 我忙得早饭都没吃。(나는 바빠서 아침밥조차 먹지 못했습니다)
   我没忙得早饭都吃。(X)
   ※ 형용사 앞에 <没>가 올 수 없고, <吃> 앞에 와야 한다.

방향보어

동사 뒤에 놓여 동작의 진행 방향을 나타낸다. 또한 방향과는 무관하게 동작의 진행 혹은 상태의 변화 등을 표현한다.

▶ 妈妈买来一条大鱼。(어머니께서 큰 생선 한 마리를 사오셨다)
Māma mǎi lái yī tiáo dàyú.

주어	수식어					서술어	보어	목적어
	시간명사	부사(부정사)	조동사	개사구조	地구조			
妈妈						买	来	一条大鱼

▶ 她急急忙忙地跑下去了。(그녀는 매우 급히 뛰어 내려갔습니다)
Tā jíjímángmáng de pǎo xià qù le.

주어	수식어					서술어	보어	목적어
	시간명사	부사(부정사)	조동사	개사구조	地구조			
他					急急忙忙地	跑	下去	

▶ 老师终于写出来了一本小说。
Lǎoshī zhōngyú xiě chūlái le yī běn xiǎoshuō.
(선생님은 마침내 소설 한 권을 써냈습니다)

주어	수식어					서술어	보어	목적어
	시간명사	부사(부정사)	조동사	개사구조	地구조			
老师		终于				写	出来	一本小说

⚠️ **주의**

방향보어에서 장소를 나타내는 단어가 목적어로 쓰일 경우 목적어는 방향보어의 <来> 혹은 <去> 앞에 온다.

보충 예문

▶ 那个孩子跑进房间来了。(그 아이는 방으로 뛰어 들어왔습니다)

Nàge háizi pǎo jìn fángjiān lái le

※ 목적어가 장소일 경우, 목적어는 <来> 혹은 <去> 앞에 와야 한다.

▶ 麻烦你, 请把这封信投进邮箱里去吧。

Máfan nǐ, qǐng bǎ zhè fēng xìn tóu jìn yóuxiāng li qù ba.

(미안하지만, 이 편지를 우편함에 넣어주세요)

▶ 老师从书包里拿出来了一本书。

Lǎoshī cóng shūbāo li ná chū lái le yī běn shū.

(선생님은 가방에서 책 한 권을 꺼냈습니다)

※ 목적어가 일반 사물일 경우, 목적어는 보어 뒤 혹은 <来> 혹은 <去> 앞에 올 수 있다. <老师从书包里拿出一本书来了>로 표현할 수도 있다.

▶ 好端端的, 怎么突然下起雨来。

Hǎo duānduān de, zěnme tūrán xià qǐ yǔ lái.

(멀쩡하다가 왜 갑자기 비가 내리기 시작한다)

⚠️ 주의

방향보어는 진행 방향과 무관하게 상태의 변화를 표현하거나 동작의 진행을 나타낸다.

◆ **상태의 변화를 표시**

▶ 这几天天气暖和起来。(요즘 날씨가 따뜻해졌습니다)
 Zhè jǐ tiān tiānqi nuǎnhuo qǐlái.

▶ 我一眼就能看出来这是谁写的。
 Wǒ yī yǎn jiù néng kàn chūlái zhè shì shuí xiě de.
 (나는 보기만 하면 이것을 누가 썼는지 알 수 있습니다)

▶ 听到这个消息, 他就昏迷过去了。
 Tīng dào zhè ge xiāoxi, tā jiù hūnmí guòqù le.
 (이 소식을 듣고 그는 기절했습니다)

◆ **동작 또는 상태의 진행을 표시**

▶ 虽然困难很多, 但是你们要坚持下去。
 Suīrán kùnnan hěn duō, dànshì nǐmen yào jiānchí xiàqù.
 (비록 어려움이 많아도 당신들은 견뎌내야 합니다)

▶ 她生下来后一直没见过自己的父母。
 Tā shēng xiàlái hòu yīzhí méi jiàn guò zìjǐ de fùmǔ.
 (그녀는 태어한 후 줄곧 자신의 부모를 만나지 못했습니다)

▶ 旅游是我把英文继续学下去的动力。

Lǚyóu shì wǒ bǎ Yīngwén jìxù xué xiàqù de dònglì.

(여행은 내가 영어를 계속 공부하게 하는 원동력이다)

가능보어

<할 수 있다 / 할 수 없다>를 나타내는 표현으로, 어떤 행위를 <왜 할 수 있는지 / 왜 할 수 없는지>를 보어를 통해 구체적으로 설명한다. 가능보어는 원인, 이유 등을 함축적으로 간결하게 표현할 수 있는 장점이 있다.

▶ 你看得懂中文报吗?

Nǐ kàn de dǒng Zhōngwén bào ma?

(당신은 중국어 신문을 보고 이해할 수 있습니까?)

주어	수식어					서술어	보어	목적어
	시간명사	부사(부정사)	조동사	개사구조	地구조			
你						看	得懂	中文报

▶ 我们搬不动这么多东西。

Wǒmen bān bu dòng zhème duō dōngxi.

(우리는 이렇게 많은 물건을 옮길 수 없습니다)

주어	수식어					서술어	보어	목적어
	시간명사	부사(부정사)	조동사	개사구조	地구조			
我们						搬	不动	这么多东西

▶ 他们现在都买不起房子。(그들은 지금 집을 살 수가 없습니다)
Tāmen xiànzài dōu mǎi bu qǐ fángzi.

주어	수식어					서술어	보어	목적어
	시간 명사	부사 (부정사)	조동사	개사 구조	지 구조			
他们	现在	都				买	不起	房子

수량보어

수량보어에는 동작의 시간적인 양을 나타내는 시량보어, 동작의 횟수를 나타내는 동량보어 그리고 대상 간의 수량 차이를 비교하는 수량 비교보어가 있다.

▶ 我学英语学了五年。(나는 영어를 5년 배웠습니다)
Wǒ xué Yīngyǔ xué le wǔ nián.

주어	수식어					서술어 (+목적어)	보어
	시간 명사	부사 (부정사)	조동사	개사 구조	지 구조		
我						学英语 学	五年

▶ 他给我打电话打了两个小时。
Tā gěi wǒ dǎ diànhuà dǎ le liǎng ge xiǎoshí.
(그는 나에게 두 시간 동안 전화를 했습니다)

주어	수식어					서술어 (+목적어)	보어
	시간 명사	부사 (부정사)	조동사	개사 구조	지 구조		
他				给我		打电话 打	两个小时

▶ 我们去过三次中国。(우리는 중국에 세 번 가본 적이 있습니다)
Wǒmen qù guo sān cì Zhōngguó.

주어	수식어					서술어	보어	목적어
	시간 명사	부사 (부정사)	조동사	개사 구조	地 구조			
我们						去过	三次	中国

▶ 我看了一遍那本小说。(나는 그 소설을 한 번 읽었습니다)
Wǒ kàn le yī biàn nà běn xiǎoshuō.

주어	수식어					서술어	보어	목적어
	시간 명사	부사 (부정사)	조동사	개사 구조	地 구조			
我						看	一遍	那本小说

▶ 哥哥比我大三岁。(형은 나보다 세 살이 많습니다)
Gēge bǐ wǒ dà sān suì.

주어	수식어					서술어	보어	목적어
	시간 명사	부사 (부정사)	조동사	개사 구조	地 구조			
哥哥				比我		大	三岁	

⚠️ 주의

수량보어에서 주의할 점은 목적어의 위치이다. 특히 인칭 대명사가 목적어인 경우에는 인칭 대명사가 반드시 수량보어 앞에 와야 한다.

▶ 小李见过他一次。(샤오리는 그를 한 번 만난 적이 있습니다)
　Xiǎo Lǐ jiàn guò tā yī cì.

▶ 我等了你一个多小时。(나는 당신을 한 시간 넘게 기다렸습니다)
　Wǒ děng le nǐ yī ge duō xiǎoshí.

📘 참고

문장 성분을 위와 같은 순서대로 배열하는 방식은 작문에도 도움이 된다. 작문과 회화는 모두 문장을 만들어 내는 과정으로 글자로 표현하면 작문, 입으로 표현하면 회화가 된다. 다만 상황에 따라 구어(口语)와 서면어(书面语)의 차이점을 보이지만, 기본적인 문장 성분의 배열 순서는 동일하다.

MEMO

02 동작, 상황을 나열하여 표현하기

회화는 핵심적인 문법 요소로 문장 구조를 간결하게 만들어 표현하는 게 좋다. 단순히 글자 수가 적은 짧은 문장을 말하는 게 아니다. 간결한 문장으로 회화를 하려면 아래의 조건을 잘 활용해야 한다.

> 첫째 여러 동작(혹은 상황)을 발생 순서대로 나열하여 표현하는 방식을 이해한다.
> 둘째 각종 보어를 적재적소에 활용하여 문장의 표현력을 높인다.

아울러 다른 의미로 보면 간결한 문장은 중국적인 표현을 가리킨다. 발생 순서대로 동작(혹은 상황)을 나열하는 방식은 중국어 문법에서 큰 의미를 가지며, 많은 문장이 이런 특징을 바탕으로 만들어진다. 이런 점을 잘 활용하면 회화에서 접속사(혹은 부사)를 사용하지 않고도 복문을 하나의 단문으로 간결하게 표현할 수 있다. 또한 각종 보어는 여러 상황을 함축적으로 전달하고 표현하는 대표적인 방식으로 회화에서 빈번하게 쓰인다.

01 동작을 발생 순서대로 표현하기

두 개의 동작(혹은 상황)으로 주어를 설명하는 표현 방식은 회화에서 많이 쓰인다. 연동문(连动句)이 대표적으로 동일한 주어에 대해 두 개 이상의 동사가 나오는 문장을 말한다. 이 때 동작 혹은 상황을 발생 순서대로 나열하여 표현한다. 연동문은 일반적으로 아래 몇 가지 형태로 나눈다.

표현 종류	예 문
동작의 순차적인 진행	老师推开门走出去。 　　　　동작의 발생 순서 (선생님은 문을 열고 걸어나갔다)
목적 (~~하러 ~~하다)	妈妈去商店买东西。 　　　　목적 (어머니는 물건을 사러 상점에 갑니다)
수단 (~~로 ~~하다)	我骑自行车去学校。 　　수단 (나는 자전거를 타고 학교에 갑니다)
진행 (~~면서 ~~하다)	他们听着音乐喝咖啡。 　　~~ 면서(진행) (그들은 음악을 들으며 커피를 마십니다)
有를 이용한 연동문	我有方法解决这个情况。 (~~ 할 ~~ 있다/ 없다) (나는 이 상황을 해결할 방법이 있습니다)

① 동작의 순차적인 진행　　　　　6-1

주어가 행하는 동작을 발생 순서대로 나열하여 표현한다.

▶ 他去图书馆借一本书。(그는 도서관에 가서 책 한 권을 빌립니다)
Tā qù túshūguǎn jiè yī běn shū.

▶ 我想去北京学习中文。
Wǒ xiǎng qù Běijīng xuéxí Zhōngwén.
(나는 북경에 가서 중국어를 배우려고 합니다)

※ 연동문에서 조동사는 첫 번째 동사 앞에 온다.

▶ 我们都<u>不</u>去食堂吃午饭。
Wǒmen dōu bù qù shítáng chī wǔfàn.
(우리는 모두 식당에 가서 점심을 먹지 않습니다)
※ 연동문에서 부정사는 첫 번째 동사 앞에 위치한다.

▶ 我们快点儿回家做作业吧。
Wǒmen kuài diǎnr huíjiā zuò zuòyè ba.
(우리 빨리 집에 돌아가서 숙제를 합시다)
※ 연동문에서 부사는 첫 번째 동사 앞에 온다.

② **목적 (~~하러 ~~하다)**   🔊 6-2

주어의 목적을 설명하는 문장이다. 주어가 행하는 동작 순서대로 동사를 나열한다.

▶ 他们都去看球赛了。(그들은 모두 운동 경기를 관람하러 갔습니다)
Tāmen dōu qù kàn qiúsài le.

▶ 她去邮局寄包裹。(그녀는 소포를 부치러 우체국에 갑니다)
Tā qù yóujú jì bāoguǒ.

해설
- 邮局 : 우체국
- 寄 : (우편으로) 보내다, 부치다
- 包裹 : 소포

▶ 我来看房子。(나는 방을 보러 왔습니다)
Wǒ lái kàn fángzi.

③ 수단 (~~로 ~~하다) 🔊 6-3

주어가 행하는 수단, 방법 등을 먼저 표현하고 이어서 주된 동작을 나타낸다.

▶ 爸爸用手机给我打电话。
Bàba yòng shǒujī gěi wǒ dǎ diànhuà.
(아버지는 핸드폰으로 나에게 전화를 하셨습니다)

▶ 他们明天坐飞机回国。 (그들은 내일 비행기를 타고 귀국합니다)
Tāmen míngtiān zuò fēijī huíguó.

▶ 时间不早了, 我开车送你回去。
Shíjiān bù zǎo le, wǒ kāichē sòng nǐ huíqù.
(시간이 늦었습니다, 제가 차로 모셔다드리겠습니다)

④ 진행 (~~면서 ~~하다) 🔊 6-4

두 개의 동작이 동시에 일어나는 걸 설명한다.

▶ 我听着音乐做作业。 (나는 음악을 들으면서 숙제를 합니다)
Wǒ tīng zhe yīnyuè zuò zuòyè.

▶ 她从小就一直喜欢躺着看书。
Tā cóng xiǎo jiù yīzhí xǐhuan tǎng zhe kàn shū.
(그녀는 어릴 때부터 줄곧 누워서 책 보길 좋아했습니다)

▶ 我们都站着看足球比赛。(우리는 모두 서서 축구 경기를 봅니다)
Wǒmen dōu zhàn zhe kàn zúqiú bǐsài.

⑤ 有를 이용한 연동문 🔊 6-5

< ~~ 할 ~~ 가 있다/없다>라는 의미이다. <有/没有>의 목적어는 뒤에 이어지는 동작의 대상 혹은 원인을 나타낸다.

▶ 我有个问题要问老师。(나는 선생님께 여쭤볼 문제가 있습니다)
Wǒ yǒu ge wèntí yào wèn lǎoshī.

▶ 世界上没有人嫌钱多。
Shìjiè shang méiyou rén xián qián duō.
(세상에 돈 많은 걸 싫어하는 사람은 없습니다)

해설
• 嫌 : 싫어하다, 꺼리다

▶ 我没有时间去找你。(저는 당신을 찾아갈 시간이 없습니다)
Wǒ méiyou shíjiān qù zhǎo nǐ.

⚠️ **주의**

<喜欢>은 동사지만, <喜欢 + 동사>는 연동문이 아니다. 예를 들어 <我喜欢看中国电影>은 <중국영화 보길 좋아하다>는 의미를 표현할 뿐, 동작을 발생 순서대로 나타내는 게 아니다.

02 상황을 전달하는 순서대로 표현하기

회화에서 동시다발적인 여러 상황을 매끄럽게 표현하려면 전달하고자 하는 상황을 순서대로 연결하는 게 핵심이다. 이것은 단문과 단문을 연결하여 복문으로 만드는 것과 비슷하지만, 접속사 혹은 부사 없이 각 상황을 바로 연결한다는 점에서 조금 다르다.

예를 들어 <비록 방이 조금 지저분하지만, 청소를 좀 하면 사람 사는 데는 별 문제가 없다>라는 문장을 상황별로 나누어 보면, <방이 지저분하다>, <청소를 하다>, <사람이 살다>, <문제가 없다> 등으로 나눌 수 있다. 이 상황들을 전달하고자하는 순서대로 나열하여 <房间有点乱, 简单收拾一下住个人还是没问题的>로 표현할 수 있다. 이렇게 여러 상황을 전달하려는 순서대로 연결하는 방식이 회화에서 많이 사용된다. 물론 위의 예문을 <虽然~~, 但是~~>를 활용하여 <虽然房间有点乱, 但是简单收拾一下住个人还是没问题的>라고 만들 수도 있다. 하지만 앞뒤 문맥으로 의사 전달에 문제가 없다면 첫 번째 문장이 좀 더 효과적이다.

일부 학습자는 우리말의 연결 조사(비록, 왜냐하면, 만약, 그래서 등등)에 너무 얽매여 과도하게 접속사(혹은 부사)를 사용한다고 전문가는 지적한다. **접속사 사용을 줄이고 문장을 간결하게 표현하는 방식을 우리 학습자들이 회화에서 적극적으로 활용할 필요가 있다.** 표현의 경제성을 고려하고 명료성을 높이려면 아래와 같은 방법을 이용한다.

> 첫째 여러 상황을 전달하려는 순서대로 나열하여 표현한다.
> 둘째 가정, 원인, 조건 등을 먼저 표현하고, 곧이어 설명, 결과 등을 연결하여 표현한다.

① < ~~라면 ~~하다 > : 가정 및 조건을 나타내는 인과 관계를 표현한다.

<如果>, <要是> 등을 쓰지 않고 <一 ~~ 就 ~~ >, <了 ~~ 就 ~~ > 등을 이용하여 두 개의 상황을 연결하여 한 문장으로 표현한다.

一 + 조건 / 가정 ~~ 就 + 결과 ~~ 🔊 7-1

▶ 诈骗电话要注意, 一不小心就会上了他们的圈套。
Zhàpiàn diànhuà yào zhùyi, yī bù xiǎoxīn jiù huì shàng le tāmen de quāntào.
(보이스 피싱에 주의하세요, 자칫 잘못하면 그들의 속임수에 넘어갈 수 있습니다)

해설

- 一 + 不小心 + 就 ~ : <자칫 잘못하면 ~~ > 가정을 표현한다.
- 诈骗电话 : 보이스 피싱
- 上~~圈套 : 올가미, 속임수, 함정 등에 빠지다

▶ 他们干的这件事, 想瞒也瞒不住, 一对正就露馅的。
Tāmen gàn de zhè jiàn shì, xiǎng mán yě mán bu zhù, yī duìzhèng jiù lòuxiàn de.
(그들이 벌인 일은 숨기려야 숨길 수가 없습니다, 대조해 보면 금방 탄로 날 겁니다)

해설

- 一 + 对正 + 就 + 露馅 : 가정 및 조건을 나타낸다.
- 想瞒也瞒不住 : <想瞒也 + 瞒不住>는 <숨기려고 해도 + 숨길 수가 없다>
- 瞒 : 속이다, 감추다.
- 露馅 : 탄로가 나다, 드러나다

> 동사 / 형용사 + **了 就** + 결과　　　🔊 7-2

▶ 车门被人刮花**了**, 看**了**监控**就**知道是谁干的。

Chēmén bèi rén guā huā le, kàn le jiānkòng jiù zhīdao shì shuí gàn de.

(차 문이 긁혔는데, CCTV를 보면 누가 했는지 알 수 있습니다)

해설
- 看 + 了 ~ 就 + 知道 : 동사 뒤에 <了>를 붙여 가정 또는 조건을 나타낸다.
- 刮花 : 긁혀서 흠집이 나다, 스크래치가 생기다
- 监控 : CCTV, 감시 카메라

▶ 我要回家, 晚**了**会被妈妈骂一顿。

Wǒ yào huíjiā, wǎn le huì bèi māma mà yī dùn.

(저는 집에 갑니다, 늦으면 엄마한테 혼납니다)

해설
- 晚 + 了 : 형용사 뒤에 <了>를 붙여 가정을 나타낸다.
- 骂一顿 : 많이 혼나다, 엄청 욕먹다

▶ 这句话, 韩国人听**了**肯定不高兴。

Zhè jù huà, Hánguórén tīng le kěndìng bù gāoxìng.

(이 말은 한국 사람들이 들으면 분명 기분 나빠할 겁니다)

해설
- 听 + 了 : 동사 뒤에 <了>를 붙여 가정을 나타낸다.
- 肯定 : 틀림없이, 분명

▶ 那得看看你买多少, 买多**了就**自然便宜。

Nà děi kànkàn nǐ mǎi duōshǎo, mǎi duō le jiù zìrán piányi.

(당신이 얼마나 살 수 있느냐에 달려 있습니다. 많이 사면 자연히 싸게 됩니다)

해설
- 买多 + 了 : 결과보어 뒤에 <了>를 붙여 <많이 사면~~ >을 표현한다.
- 看看 : < ~~을 보고 판단하다>라는 의미로서 < ~~에 달려있다>를 나타낸다.

▶ 你看完了可别忘给大家分享。
Nǐ kàn wán le kě bié wàng gěi dàjiā fēnxiǎng.
(당신은 다 보고나면 우리들에게 공유하는 거 잊지 마세요)

해설
- 看完 + 了 : 결과보어 뒤에 <了>를 붙여 <다 보면~~ >을 나타낸다.
- 分享 : 함께 나누다, 공유하다

▶ 养宠物就要负责任, 做不到就别养, 养了一定要负责。
Yǎng chǒngwù jiù yào fù zérèn, zuò bu dào jiù bié yǎng, yǎng le yīdìng yào fùzé.
(반려동물을 키우는 건 책임이 따릅니다, 할 수 없다면 기르지 말고, 기르면 반드시 책임져야 합니다)

해설
- 做不到 : 가능보어의 부정형, <~할 수 없다면>으로 가정을 나타낸다.
- 养 + 了 : 동사 뒤에 <了>를 붙여 가정, 조건을 표시한다.
- 养宠物 : 반려동물을 기르다.
- 负责任 : 책임을 지다

有 + 조건 / 가정 상황 + 就 ~~ 🔊 7-3

▶ **有**别的意见**就**提出来。(다른 의견이 있으면 바로 말씀하세요)
Yǒu bié de yìjiàn jiù tí chūlái.

해설
- 有 A ~ 就 B ~ : < A가 있으면 B 하다 >, 문장 앞에 놓아 조건을 나타낸다.
- 意见 : 의견, 생각

▶ **有**消息我们第一时间通知你。
Yǒu xiāoxi wǒmen dì yī shíjiān tōngzhī nǐ.
(소식이 있으면 재빨리 당신에게 알려드리겠습니다)

해설
- 有 + 消息 : <소식이 있으면>, 문장 앞에 놓아 조건 혹은 가정을 나타낸다.
- 第一时间 : 가장 빠른 시간, 재빨리, 신속하게

조건 / 가정 상황 + 就 + 결과 상황 🔊 7-4

▶ 你先考虑一下, 实在不行**就**得找人来处理。
Nǐ xiān kǎolǜ yīxià, shízai bù xíng jiù děi zhǎo rén lái chǔlǐ.
(당신이 먼저 생각해 보세요, 정 안 되면 사람을 불러 처리를 해야 합니다)

해설
- 实在不行 : 문장 앞에 놓아 가정을 나타낸다. 본래 <先~~, 然后实在不行~~ >에서 <然后>가 생략되었다.
- 考虑 : 고려하다, 방법을 강구하다

▶ 提前做好就省事省时间。

Tíqián zuò hǎo jiù shěng shì shěng shíjiān.

(미리 준비를 잘 해두면 수고를 덜고 시간도 절약할 수 있습니다)

해설

- 提前做好 : <사전에 준비를 잘 해두다>, 문장 앞에 놓아 가정을 나타낸다.
- 省事 : 수고를 덜다

▶ 喊一声对不起就能完事吗?

Hǎn yī shēng duìbuqǐ jiù néng wán shì ma?

(미안하다는 한 마디면 다 끝납니까?)

해설

- 喊一声对不起 : <미안하다고 한 마디 하다>, 문장 앞에 놓아 가정 혹은 조건을 나타낸다.
- 完事 : 일을 끝내다, 매듭지다

▶ 喜欢吃甜的就可以放糖。

Xǐhuan chī tián de jiù kěyǐ fàng táng.

(단 걸 좋아하면 설탕을 넣으면 됩니다)

해설

- 喜欢吃甜的 : <단 걸 좋아하면>, 문장 앞에 놓아 조건을 나타낸다.
- 放糖 : 설탕을 넣다

▶ 你加油吧, 没有付出就没有结果。

Nǐ jiāyóu ba, méiyou fùchū jiù méiyou jiéguǒ.

(힘내세요, 노력이 없다면 결과도 없습니다)

해설
- 付出 : 지출하다, 노력하다
- 结果 : 결과

가정 / 조건 상황 + 결과 상황　　　🔊 7-5

▶ **别提了, 想想我都觉得很可怕。**
Bié tí le, xiǎngxiǎng wǒ dōu juéde hěn kěpà.
(말도 하지 마세요, 생각만 해도 저는 매우 무섭습니다)

해설
- 想想 : 동사를 중첩시켜 문장 앞에 놓아 조건을 나타낸다.

▶ **吃完了记得好好刷牙。**
Chī wán le jìde hǎohǎo shuā yá.
(다 먹으면 잊지 말고 양치질 잘 하세요)

해설
- 吃完 + 了 : 결과보어 뒤에 <了>를 붙여 가정 혹은 조건을 표현한다.
- 记得 : 기억하다, 잊지 말고

---

② (설령) ~~하더라도 ~~하다　　　🔊 8

<就算>, <即使> 등을 사용하지 않고 <再>, <也>, <都>, <就> 등으로 연결하여 표현한다.

▶ **你再有钱也买不了时间。**
Nǐ zài yǒu qián yě mǎi bu liǎo shíjiān.
(당신이 아무리 돈이 많아도 시간은 살 수 없습니다)

해설
- 再 ~~ 也 ~~ : <再>는 <아무리>라는 뜻으로 강조를 나타낸다.

▶ 我做鬼也不会放过你们。

Wǒ zuò guǐ yě bù huì fàng guo nǐmen.

(내가 죽어서도 당신들을 가만히 두지 않겠습니다)

해설
- 做鬼 : <귀신이 되어도, 죽어서도>라는 뜻을 나타낸다.

▶ 给我再多的钱, 我也做不到那件事。

Gěi wǒ zài duō de qián, wǒ yě zuò bu dào nà jiàn shì.

(나에게 아무리 많은 돈을 줘도 나는 그 일을 할 수 없습니다)

해설
- 给我再多的钱 : <即使给我再多的钱>에서 <即使>를 생략한 형태이다. 문장 앞에 놓아 가정 혹은 조건을 나타낸다.

▶ 在韩国, 多晚都能买到东西, 生活真方便。

Zài Hánguó, duō wǎn dōu néng mǎi dào dōngxi, shēnghuó zhēn fāngbiàn.

(한국에서는 아무리 늦어도 물건을 살 수 있어 생활이 매우 편리합니다)

해설
- 多晚 : <多>는 <아무리 ~~ >라는 뜻으로 과장된 의미를 표현한다.

▶ **只是借口而已，再忙你也得抽时间学习。**

Zhǐshì jièkǒu éryǐ, zài máng nǐ yě děi chōu shíjiān xuéxí.

(단지 핑계에 불과합니다. 당신이 **아무리 바빠도** 시간을 내서 공부를 해야 합니다)

해설

- 再 : <아무리>, 과장된 의미를 표현한다.
- 抽时间 : 시간을 내다

▶ **人红了, 想休息都难。** (사람이 유명해지면 쉬기**조차** 어렵습니다)

Rén hóng le, xiǎng xiūxi dōu nán.

해설

- 红了 : 유명해지다, <了>는 가정, 조건을 표현한다.
- 想 ~ 都 : < ~~하려는 것조차 ~~ >라는 뜻을 나타낸다.

▶ **天天练习肯定会有好结果的。**

Tiāntiān liànxí kěndìng huì yǒu hǎo jiéguǒ de.

(매일 **연습하면** 분명 좋은 결과가 있을 겁니다)

해설

- 天天练习 : <매일 연습하다>, 문장 앞에 놓여 조건을 표시한다.
- 肯定 : 분명히, 확실히
- 结果 : 결과
- 会 ~~ 的 : 강한 추측의 느낌을 나타낸다.

③ 원인과 결과를 나타내는 인과 관계를 표현한다.

<因为>, <由于> 등의 접속사를 사용하지 않고, 원인과 결과를 순서대로 나열하여 인과 관계를 표현한다.

원인 / 이유 + 결과　　　　　　　　　　🔊 9-1

▶ **不好意思, 光看手机我又错过站了。**

Bùhǎoyìsi, guāng kàn shǒujī wǒ yòu cuò guò zhàn le.

(죄송합니다, 핸드폰**만 보느라** 제가 또 역을 지나쳤습니다)

해설
- 光看手机(원인, 이유) + 错过站(결과)
- 光 : 단지 ~~ 만 하다
- 错过站 : 정거장을 지나치다.

▶ **牛奶放了一周变质了。**

Niúnǎi fàng le yī zhōu biànzhì le.

(우유를 **일주일간 놔두었더니** 상했습니다)

해설
- 放了一周(원인) + 变质(결과)
- 变质 : 변질되다, 상하다

▶ **一分钱一分货, 没用几天就坏了。**

Yī fēn qián yī fēn huò, méi yòng jǐ tiān jiù huài le.

(싼 게 비지떡이라고 **며칠 못 쓰고** 고장 났습니다)

해설
- 没用几天(원인, 이유) + 坏了(결과)
- 一分钱一分货 : 가격에 따라 품질이 다르다, 싼 게 비지떡이다.
- 坏 : 고장 나다

▶ 他们俩有什么矛盾不愿意见面。
Tāmen liǎ yǒu shénme máodùn bù yuànyì jiànmiàn.
(그 두 사람은 어떤 마찰이 있는지 만나길 꺼립니다)

해설
- 有什么矛盾(원인, 이유) + 不愿意见面(결과)
- 矛盾 : 마찰, 트러블

▶ 我昨晚玩手机睡得有点晚。
Wǒ zuówǎn wán shǒujī shuì de yǒu diǎn wǎn.
(나는 어제 저녁에 핸드폰을 보느라 조금 늦게 잤습니다)

해설
- 玩手机(원인, 이유) + 睡得有点晚(결과)
- 玩手机 : 핸드폰으로 웹서핑, 동영상 보기, 게임 등을 가리킨다.

④ 앞 구절의 내용을 이어받아 뒤에서 설명하는 연쇄 관계를 표현한다.　　🔊 9-2

대부분 동일한 의문 대명사를 반복 사용하여 앞뒤의 연관성을 설명한다.

▶ 我这儿还有很多, 你要多少给你多少。
Wǒ zhèr hái yǒu hěn duō, nǐ yào duōshǎo gěi nǐ duōshǎo.
(저한테 아직 많이 있습니다, 당신이 원하는 만큼 드리겠습니다)

해설

- 要多少 + 给多少 : 원하는 만큼 주겠다.

▶ **这种东西, 谁买谁就会后悔。**
Zhè zhǒng dōngxi, shuí mǎi shuí jiù huì hòuhuǐ.
(이런 물건은 누구든지 사면 후회합니다)

해설

- 谁买 + 谁就后悔 : 누구든지 사면, 누구든지 후회하다.
- 后悔 : 후회하다

▶ **请不要拐弯抹角的, 想说什么就说什么。**
Qǐng bùyào guǎiwānmòjiǎo, xiǎng shuō shénme jiù shuō shénme.
(말을 돌리지 마시고 하고 싶은 말을 말하세요)

해설

- 想说什么 + 说什么 : 할 말이 있으면 말하세요.
- 拐弯抹角 : (말, 글 따위를) 빙빙 돌려서 하다, 에두르다

▶ **你觉得哪个好看就买哪个。**
Nǐ juéde nǎge hǎokàn jiù mǎi nǎge.
(당신이 예쁘다고 생각하는 걸 사세요)

해설

- 觉得哪个好看 + 就买哪个 : 어느 것이 예쁘다고 생각되면 + 어느 것을 사다

⑤ 앞뒤의 내용을 대등하게 나열하여 병렬 관계를 나타낸다. 🔊 9-3

▶ 这孩子, 不好好学习就知道捣乱。

Zhè háizi, bù hǎohǎo xuéxí jiù zhīdao dǎoluàn.

(이 아이는 공부는 열심히 하지 않고, 말썽만 피울 줄 압니다)

해설
- 不好好学习 + 知道捣乱 : 열심히 공부하지 않고 + 말썽 피울 줄만 안다.
- 就 : 단지, <只>와 같은 의미로 쓰인다.
- 捣乱 : 소란을 피우다, 말썽 피우다

▶ 有没有把握也得试一下。(자신이 있든 없든 한 번 해봐야 합니다)

Yǒu méiyou bǎwò yě děi shì yī xià.

해설
- 有没有把握 + 也得试一下 : 자신이 있든 없든 + 한 번 해보다.
- 把握 : 자신

▶ 买这个东西, 光有钱还不够, 还得有单位的推荐。

Mǎi zhè ge dōngxi, guāng yǒu qián hái bù gòu, hái děi yǒu dānwèi de tuījiàn.

(이 물건은 돈만 있다고 살 수 없습니다. 직장의 추천도 있어야 합니다)

해설
- 光有钱 + 还不够 : 돈만 있다 + 아직 부족하다
- 单位 : 직장, 단체
- 推荐 : 추천

▶ 现在我都想通了, 该放手就要放手。

Xiànzài wǒ dōu xiǎng tōng le, gāi fàngshǒu jiù yào fàngshǒu,

(제가 이제 깨달았습니다, 포기할 건 포기해야 됩니다)

해설

- 该放手 + 就要放手 : 포기해야 할 건 + 포기해야 한다
- 想通 : 깨닫다, 이해하다, 납득하다

---

⑥ 주제와 관련된 상황을 연결하여 표현한다. 🔊 9-4

주제를 설명하거나 관련된 상황을 아무런 성분 없이 연결하여 표현한다.

▶ 排队一定要保持一米远的距离。

Páiduì yīdìng yào bǎochí yī mǐ yuǎn de jùlí.

(줄을 설 때는 반드시 1 미터 거리를 유지해야 합니다)

해설

- 排队 : 줄을 서다
- 保持 : 유지하다
- 米 : (측량) 미터
- 距离 : 거리

▶ 学外语打好基础很重要。

Xué wàiyǔ dǎ hǎo jīchǔ hěn zhòngyào.

(외국어를 배울 때 기초를 잘 닦는 게 매우 중요합니다)

해설

- 打好 : (기초, 기본기 등) 잘 연마하다, 닦다
- 基础 : 기초

▶ **考试**不许带手机。(**시험 볼 때** 핸드폰을 휴대할 수 없습니다)
Kǎoshì bù xǔ dài shǒujī.

해설
- 不许 : ~~해서는 안 된다, 불허하다
- 带 : 휴대하다

▶ 天气很冷, **出门**请做好防护。
Tiānqi hěn lěng, chūmén qǐng zuò hǎo fánghù.

(날씨가 매우 춥습니다, **외출할 때** 잘 대비하세요)

해설
- 出门 : 외출하다
- 防护 : 추위에 잘 대비하다

▶ 我觉得**生活**不需要太多东西。
Wǒ juéde shēnghuó bù xūyào tài duō dōngxi.

(나는 생활하는 데 많은 물건은 필요 없다고 생각합니다)

해설
- 生活 : 생활, 생활하다
- 需要 : 필요하다

⚠️ 주의

우리말은 < ~을 때>라는 시제 관련 표현을 붙여 의미를 부각시켜 표현한다. 위의 예문을 <排队的时候, 排队时>, <学外语的时候, 学外语时>, <考试的时候, 考试时>, <出门的时候, 出门时>, <生活的时候, 生活时> 등으로 표현할 수도 있다. 다만 우리말식대로 매번 <~的时候, ~时>를 붙여 표현할 필요가 없다. 일상적인 상황을 설명한다면 시제 관련 표현 없이 주제와 상황을 그대로 연결하여 표현하는 게 오히려 더 자연스럽다.

참고

위의 예문들은 두 개 이상의 상황을 접속사 없이 연결한다는 점에서 연동문과 비슷하다. 중국의 유명 문법학자인 여숙상(呂淑湘) 선생님은 이런 표현을 연동문의 한 종류하고 설명한 바 있다. 또한 위의 예문들을 접속사를 사용하여 복문으로 표현할 수 있다. 하지만 회화는 접속사를 사용하지 않고 하나의 문장으로 표현하는 게 훨씬 자연스럽다.

MEMO

03 중국어 고수의 비법 - 각종 보어

보어는 가장 중국적인 표현 방식으로 중국어를 중국어답게 구사하려면 반드시 잘 익혀야 한다. 다만 보어는 사용 범위가 넓고 용법이 까다롭다. 많은 학습자가 어렵게 여기는 <把字句>, <被字句> 등도 따지고 보면 보어를 제대로 활용하지 못하기 때문에 어렵다. 그만큼 보어는 다른 문법과 어울려 다양한 상황을 표현하는 매우 중요한 부분이다. 보어를 잘 쓰면 아래와 같은 효과가 있다.

> 첫째 <주어 + 수식어 + 동사 + 목적어>의 단조로운 패턴에서 벗어나 다양한 표현을 할 수 있다.
> 둘째 장황하게 설명할 필요 없이 보어 표현만으로 명확하게 의미를 전달할 수 있다.

① 결과보어　　　　　　　　　　　　　🔊 10-1

동작에 대한 결과를 설명하는 보어이다.

▶ **你慢点说, 我能听懂。** (천천히 말하면 제가 알아들을 수 있습니다)
Nǐ màn diǎn shuō, wǒ néng tīng dǒng.

해설
- 能 + 听懂 : 결과보어 앞에 <能>, <可以> 등을 붙여 < ~~을 수 있다>를 나타낸다.

▶ **你放心, 我昨天已经准备好了。**
Nǐ fàngxīn, wǒ zuótiān yǐjing zhǔnbèi hǎo le.
(걱정하지 마세요, 제가 어제 이미 준비를 잘 해뒀습니다)

해설
- 准备 + 好 : 동사 뒤에 <好>를 붙여 동작이 잘 완성되었음을 표현한다.

▶ **我们一定要调查清楚。**

Wǒmen yīdìng yào diàochá qīngchǔ.

(우리는 반드시 자세히 조사를 해야 합니다)

해설
- 一定 + 要 + 调查清楚 : 결과보어 앞에 부사와 조동사를 첨가하여 미래의 상황을 서술한다.
- 调查 : 조사하다

▶ **我找了半天都没找到钱包。**

Wǒ zhǎo le bàntiān dōu méi zhǎo dào qiánbāo.

(나는 한참을 찾았지만 지갑을 찾지 못했습니다)

해설
- 没 + 找到 : 결과보어의 부정은 대개 <没>로 한다.

▶ **孩子们一定要学会尊重长辈。**

Háizimen yīdìng yào xué huì zūnzhòng zhǎngbèi.

(아이들은 반드시 웃어른을 존중하는 걸 배워야 합니다)

해설
- 学会 : 배워서 알다, 깨닫다
- 尊重 : 존중하다
- 长辈 : 윗사람, 웃어른

▶ **看完**你一定会有所感触。

Kàn wán nǐ yīdìng huì yǒusuǒ gǎnchù.

(다 보고나면 당신은 반드시 감동을 받을 겁니다)

해설

- 看完 : 결과보어를 문장 앞에 놓아 조건 / 가정 상황을 표현한다.
- 有所 : 조금, 약간
- 感触 : 감동하다

▶ 糖果好吃, 不过**吃多了**对牙齿不好。

Tángguǒ hǎochī, bùguò chī duō le duì yáchǐ bù hǎo.

(사탕은 맛있지만, 많이 먹으면 치아에 안 좋습니다)

해설

- 吃多 + 了 : <~~了>는 가정 혹은 조건을 표시한다.
- 糖果 : 사탕
- 牙齿 : 이빨, 치아

▶ 这几天温差很大, **穿多**了热, **穿少**了冷, 一不留心就感冒了。

Zhè jǐtiān wēnchà hěn dà, chuān duō le rè, chuān shǎo le lěng, yī bù liúxīn jiù gǎnmào le.

(요즘 날씨 기온차가 심해서, 많이 입으면 덥고 적게 입으면 추워서 조심하지 않으면 감기 걸립니다)

해설

- 穿多 / 穿少 + 了 : <~~了>는 <~~면>으로 가정 혹은 조건을 나타낸다.
- 温差 : 기온 차이
- 留心 : 주의하다, 조심하다

▶ 过去把喝完的空瓶拿到小卖部，可以换取手纸。

Guòqù bǎ hē wán de kōngpíng ná dào xiǎomàibù, kěyǐ huànqǔ shǒuzhǐ.

(예전에는 다 마신 빈 병을 매점에 갖다주면 휴지로 바꿀 수 있습니다)

해설
- 空瓶 : 빈 병
- 小卖部 : 매점, 작은 상점
- 换取 : 바꾸다
- 手纸 : 휴지

▶ 他们几个人坐到餐馆打烊，没人结帐。

Tāmen jǐ ge rén zuò dào cāntīng dǎyàng, méi rén jiézhàng.

(그들은 식당이 문 닫을 때까지 앉아있으면서 누구도 계산하지 않습니다)

해설
- 坐 + 到 : 동작이 어떤 시간(혹은 상황)에 다다름을 나타낸다.
- 打烊 : (영업 시간이 지나) 마감하다, 문을 닫다
- 结帐 : 계산하다, 결제하다

▶ 用完的东西，请放回原处。

Yòng wán de dōngxi, qǐng fàng huí yuánchù.

(다 사용한 물건은 제자리에 놓아주세요)

해설
- 用 + 完 : 사용을 마치다
- 放回 : 돌려놓다
- 原处 : 원래 자리, 제자리

② **가능보어** 🔊 10-2

< ~~할 수 있다 / 없다>를 나타내지만, 동사 뒤에 붙는 보어에 따라 <어떤 이유로 왜 할 수 있는지 / 할 수 없는지>를 구체적으로 설명한다. 그래서 상황에 맞는 보어를 잘 쓰는 게 중요하다. 예를 들어 <吃不下>, <吃不起>, <吃不着>는 모두 <먹을 수 없다>라는 뜻이지만, 보어에 따라 의미가 확연히 구분된다. 아울러 가능보어는 부정형이 회화에서 많이 쓰인다.

보어	뜻	긍정형	부정형
~ 下	공간적 의미	吃得下 (음식이 들어갈 공간이 있어) 먹을 수 있다	吃不下 (많이 먹어서 들어갈 공간이 없어) 먹을 수 없다
~ 起	경제적 의미	吃得起 (경제적 여유가 되거나 돈이 있어) 먹을 수 있다	吃不起 (너무 비싸거나 돈이 없어) 먹을 수 없다
~ 着 (zháo)	목적 달성	吃不着 (먹을 방법 있거나 구할 수 있어) 먹을 수 있다	吃得着 (먹을 방법이 없거나 구할 수 없어) 먹을 수 없다

▶ 我的体质不好，怎么吃也吃不胖。

Wǒ de tǐzhì bù hǎo, zěnme chī yě chī bù pàng.

(나는 체질이 안 좋아서 아무리 먹어도 살이 안 찝니다)

해설

- 怎么 + 동사 + <也／都> : <아무리 ~~ 해도 ~~>라는 뜻으로 과장된 느낌을 나타낸다.
- 体质 : 체질

▶ 工作报告你今天能写得完吗?

Gōngzuò bàogào nǐ jīntiān néng xiě de wán ma?

(업무 보고서를 당신은 오늘 다 쓸 수 있습니까?)

해설

- 能 + 写得完 : <能>을 가능보어 긍정형 앞에 놓아 강조의 뉘앙스를 표현할 수 있다.

▶ 妈妈晚上喝了咖啡就睡不着觉。

Māma wǎnshang hē le kāfēi jiù shuì bù zháo jiào.

(어머니는 저녁에 커피를 마시면 잠을 못 주무십니다)

해설

- ~~ 了 就 ~~ : < ~~ 면 ~~ 하다> 조건 혹은 가정을 나타낸다.
- 睡不着觉 : 잠을 이룰 수 없다

▶ 自己都吃不饱, 还能笑话谁呢。

Zìjǐ dōu chī bù bǎo, hái néng xiàohuà shuí ne.

(자기 앞가림도 못하면서 누굴 비웃을 수 있겠습니까)

해설

- 吃不饱 : 배불리 먹을 수 없다, (자신도 능력이 부족한데) 남을 걱정할 여유가 없음을 표현한다.
- 笑话 : 비웃다

▶ 在首尔, 不吃不喝几十年都不见得买得起房子。

Zài Shǒu'ěr, bù chī bù hē jǐ shí nián dōu bùjiàndé mǎi de qǐ fángzi.

(서울에서 안 먹고 안 입고 몇 십 년을 해도 반드시 집을 살 수 있다고 할 수 없습니다)

해설
- 买得起 : 경제적 여유, 돈이 있어서 살 수 있음을 나타낸다.
- 不见得 : 반드시 ~~ 라고 할 수 없다.

▶ **吃不惯**香菜的韩国人还很多。

Chī bu guàn xiāngcài de Hánguórén hái hěn duō.

(고수를 잘 먹지 못하는 한국 사람들은 아직도 꽤 많습니다)

해설
- 吃不惯 : (어떤 특정 음식 등을) 먹는데 익숙하지 않다.
- 香菜 : 고수

▶ 很多年轻人**找不到**工作, 心灰意冷。

Hěn duō niánqīngrén zhǎo bu dào gōngzuò, xīnhuīyìlěng.

(많은 젊은이들이 직장을 구하지 못해 실망합니다)

해설
- 找不到 : 찾지 못하다, 구하지 못하다
- 工作 : 직장
- 心灰意冷 : 실망하다, 의기소침하다

▶ 累死累活地干活, **糊不上**一家几张口。

Lèi sǐ lèi huó de gànhuó, hú bu shàng yī jiā jǐ zhāng kǒu.

(아등바등 열심히 일해도 식구들 입에 풀칠할 수가 없습니다)

해설
- 累死累活 : 죽자 살자 일하다, 아등바등 열심히 일하다
- 糊不上 : 풀칠할 수 없다, 먹고 살기도 힘들다

▶ 我怎么打他电话也打不通。

Wǒ zěnme dǎ tā diànhuà yě dǎ bu tōng.

(내가 아무리 그에게 전화를 해도 통화가 안 됩니다)

해설

- 打不通 : (전화를) 해도 연결이 안 된다, 전화 통화가 안 된다

▶ 脑子里根深蒂固的老概念改不了。

Nǎozi li gēnshēndìgù de lǎo gàiniàn gǎi bu liǎo.

(머릿속의 뿌리 깊은 낡은 개념은 바꿀 수가 없습니다)

해설

- 改不了 : 고칠 수가 없다, 바꿀 수가 없다
- 根深蒂固 : 뿌리가 깊어 고질이 되다
- 老概念 : 낡은 개념

▶ 不好吃的饭馆干不长。(맛없는 식당은 오래 할 수가 없습니다)

Bù hǎochī de fànguǎn gàn bu cháng.

해설

- 干不长 : (식당, 회사 등) 영업을 오래 할 수가 없다.

▶ 我们每天有做不完的工作。

Wǒmen měitiān yǒu zuò bu wán de gōngzuò.

(우리는 매일 해도 해도 끝이 없는 업무가 있습니다)

해설

- 做不完 : (일이 너무 많아) 아무리 해도 끝낼 수 없다.

⚠️ 주의

가능보어는 < ~ 할 수 있다 / ~ 할 수 없다>는 의미로 해석되어 일부 학습자는 가능보어 대신 <能>, <不能>, <可以> 등등 조동사를 이용하여 표현한다. 이들 조동사는 초급 단계부터 접해 친숙하며 활용하기도 쉬운 편이다. 하지만 가능보어는 조동사로 표현할 수 없는 구체적인 이유, 원인 등을 포함하고 있어 좀 더 명확하게 의사 전달을 할 수 있다. 특히 <不能>은 < ~ 할 수 없다>라는 뜻을 가지고 있지만, < ~~해서는 안 된다>, < ~~ 하지 마라>는 금지의 뜻도 있으니 주의한다. 예를 들어,

▶ 按药方吃药, 不能多吃也不能少吃。
　Àn yàofāng chī yào, bùnéng duō chī yě bùnéng shǎo chī.
　(처방전에 따라 약을 먹어야 합니다. 많이 먹어도 안 되고, 적게 먹어도 안 됩니다)

③ 정도보어 🔊 10-3

동사 혹은 형용사 뒤에 붙어 동작의 상태 혹은 상황의 정도를 나타내는 보어이다.

▶ 爸爸忙得老抽不出时间来。
　Bàba máng de lǎo chōu bu chū shíjiān lái.
　(아버지는 바빠서 줄곧 시간을 낼 수 없습니다)

> **해설**
> - 老 : 줄곧, 항상
> - 抽不出时间来 : 시간을 낼 수 없다

▶ 工资福利都很满意, 不过公司离得太远。
Gōngzī fúlì dōu hěn mǎnyì, bùguò gōngsī lí de tài yuǎn.
(급여, 복지 모두 매우 만족하지만 회사가 너무 멀어요)

해설
- 工资 : 급여, 월급
- 福利 : 복지

▶ 他在外边等了半天, 冻得脸都发紫了。
Tā zài wàibiān děng le bàntiān, dòng de liǎn dōu fā zǐ le.
(그가 밖에서 한참을 기다리더니 추워서 얼굴이 파래졌습니다)

해설
- 发紫 : (얼굴 색이) 파랗게 되다

▶ 最近警方查酒驾查得很凶。
Zuìjìn jǐngfāng chá jiǔjià chá de hěn xiōng.
(최근 경찰의 음주운전 단속이 매우 심합니다)

해설
- 警方 : 경찰
- 查 : 조사하다, 단속하다
- 酒驾 : 음주운전
- 凶 : 심하다, 사납다

▶ 我第一次碰到停车场停得满满当当的。
Wǒ dì yī cì pèngdào tíngchēchǎng tíng de mǎnmǎndāngdāng de.
(나는 주차장에 차가 꽉 들어찬 걸 처음 접합니다)

해설
- 停车场 : 주차장
- 满满当当 : (물건 등이) 가득 채워진 모습, 가득하다

▶ 她一站在学生们的面前就紧张得手脚冰凉。
Tā yī zhàn zài xuéshēngmen de miànqián jiù jǐnzhāng de shǒu jiǎo bīngliáng.
(그녀는 학생들 앞에 서면 긴장해서 손발이 차가워집니다)

해설
- 面前 : (눈) 앞, 면전
- 紧张 : 긴장하다
- 冰凉 : 매우 차다

▶ 他家穷得揭不开锅, 连学费都交不起。
Tā jiā qióng de jiē bu kāi guō, lián xuéfèi dōu jiāo bu qǐ.
(그의 집은 너무 가난하여 학비도 낼 수가 없습니다)

해설
- 揭不开锅 : 솥뚜껑을 열 수 없다, 너무 가난하여 먹을 게 없음을 나타낸다.
- 交不起 : (경제적 여유가 없어) 학비를 낼 수가 없다.

▶ 她长得很漂亮, 我忍不住回头再看了她一眼。
Tā zhǎng de hěn piàoliang, wǒ rěn bu zhù huítóu zài kàn le tā yī yǎn.
(그녀가 너무 아름다워서 나는 참지 못하고 고개를 돌려 그녀를 다시 보았습니다)

해설

- 忍不住 : 참지 못하고
- 回头 : 고개를 돌리다

⚠️ 주의

정도보어와 가능보어는 술어(동사 혹은 형용사) 뒤에 <得>가 붙는 공통점이 있어 비슷해 보이지만 몇몇 차이점을 가지고 있다.

항목	정도보어	가능보어
부정형	这件衣服洗得不干净。 • 보어 부분만 부정한다	这件衣服洗不干净。 • <得>를 빼고 <不>를 넣어 부정한다
목적어 위치	她洗那件衣服洗得真干净。 • 정도보어 뒤에 목적어가 올 수 없다	她洗得干净那件衣服 / 她那件衣服洗得干净 • 가능보어를 중심으로 앞뒤에 올 수 있다
보어 확장	我洗这件衣服洗得简直没法儿再干净。 • 보어 부분을 상황에 맞게 얼마든지 확장할 수 있다. • 부사어의 수식을 받을 수 있다	我洗得干净这件衣服。 • 보어 부분을 확장할 수 없다. • 부사어의 수식을 받을 수 없다
정반의문	这件衣服你洗得干净不干净? • 보어 부분만 긍정과 부정으로 병렬	这件衣服你洗得干净洗不干净? • 가능보어 긍정형과 부정형을 병렬

조동사 수식	• 조동사의 수식을 받을 수 없다	这件衣服你能(可以)洗得干净吗? • <能>, <可以> 등 조동사 긍정형의 수식을 받을 수 있다. • <不能>, <不可以> 등 부정형은 쓸 수 없다

④ 방향보어

🔊 10-4

방향보어는 동사 뒤에 붙어 동작의 방향을 나타낸다. 하지만 방향보어는 새로운 상태의 출현 또는 동작의 진행 등 다양한 의미로도 많이 쓰인다.

▶ **明天我要带去相机拍照。**

Míngtiān wǒ yào dài qù xiàngjī pāizhào.

(내일 나는 카메라를 가지고 가서 사진을 찍을 겁니다)

해설
• 목적어를 동사와 방향보어 사이에 넣어 <明天我要带相机去拍照>로 써도 된다.

▶ **李老师慢慢地走进教室来。**

Lǐ lǎoshī mànmàn de zǒu jìn jiàoshì lái.

(이 선생님은 천천히 교실로 걸어 들어오신다)

해설
• 走进 + 教室(목적어) + 来 : 목적어가 장소를 나타낼 경우 <来>, <去> 앞에 온다.

▶ **这条胡同太窄,侧着身子才能走过去。**

Zhè tiáo hútong tài zhǎi, cè zhe shēnzi cái néng zǒu guòqù.

(이 골목은 너무 좁아서 몸을 옆으로 돌려야만 지나갈 수 있습니다)

해설
- 胡同 : 골목
- 窄 : 좁다
- 侧着身子 : 몸을 옆으로 돌리다, 기울이다

▶ 他的形象看上去很不雅观。

Tā de xíngxiàng kàn shàng qù hěn bù yǎguān.

(그의 모습은 보아하니 매우 보기 흉했습니다)

해설
- 看上去 : 보아하니
- 形象 : 모습
- 不雅观 : 보기 흉하다, 점잖지 않다.

▶ 再苦再累也要坚持下去。

Zài kǔ zài lèi yě yào jiānchí xiàqù.

(아무리 고달프고 힘들어도 계속 버텨야 합니다)

해설
- 동사 + 下去 : 동작이 계속 지속되거나 이어짐을 나타낸다.
- 坚持 : 고수하다, 버티다

▶ 一听就能听出来她是个外国人。

Yī tīng jiù néng tīng chūlái tā shì ge wàiguórén.

(듣자마자 그녀가 외국인인 걸 알아차렸습니다)

해설
- 听 + 出来 : 듣고 알아차리다, 인식하다

▶ 她们爱聊天儿, 一侃起来根本停不下来。

Tāmen ài liáotiānr, yī kǎn qǐlái gēnběn tíng bu xiàlái.

(그녀들은 잡담을 좋아해서 한 번 수다를 떨면 전혀 멈출 줄 모릅니다)

해설

- 동사 + 起来 : 동작 혹은 행위를 시작하다.
- 爱 : 좋아하다
- 聊天 : 잡담하다, 수다 떨다
- 侃 : 수다 떨다, 잡담하다, <侃大山>으로 표현하기도 한다.

▶ 他的身体还没完全恢复过来。

Tā de shēntǐ hái méi wánquán huīfù guòlái.

(그의 건강이 아직 완전하게 회복되지 않았습니다)

해설

- 동사 + 过来 : 원래 혹은 정상적인 상태로 돌아오다.
- 恢复 : 회복하다

▶ 对不起, 气头上我说出不该说的话来。

Duìbuqǐ, qìtóu shàng wǒ shuō chū bù gāi shuō de huà lái.

(미안합니다, 제가 홧김에 하지 말아야할 말을 했습니다)

해설

- 동사 + 出 + 목적어 + 来 : 방향보어 문장에서 목적어는 대부분 <来> 혹은 <去> 사이에 온다.
- 气头上 : 화가 날 때, 홧김에

▶ 穿上大衣, 不用担心被看出来。

Chuān shàng dàyī, bùyòng dānxīn bèi kàn chūlái.

(외투를 입으면 티 안 나니 걱정하지 마세요)

해설

- 被 + 看出来 : 알아차리다, 들키다

---

⑤ 시량보어
🔊 10-5

동작의 지속 시간을 나타낸다.

▶ **我坐飞机坐了三个小时。** (나는 비행기를 세 시간 동안 탔습니다)
Wǒ zuò fēijī zuò le sān ge xiǎoshí.

▶ **他姐姐看连续剧看了一个晚上。**
Tā jiějie kàn liánxùjù kàn le yī ge wǎnshang.
(그의 누나는 저녁 내내 연속극을 보았습니다)

해설

- 连续剧 : 연속극
- 看了 + 一个晚上 : 저녁 내내 보다

⚠️ 주의

인칭대명사가 목적어로 쓰일 경우에는 반드시 시량보어 앞에 와야 한다.

▶ **你在这儿等我十分钟吧。** (여기서 저를 10분만 기다리세요)
Nǐ zài zhèr děng wǒ shí fēnzhōng ba.

⑥ 비지속성 시량보어　　🔊 10-6

<来>, <去>, <毕业>, <下课>, <认识>, <结婚>, <离开> 등은 동작이 한 번 완료되면 더 이상 지속할 수 없는 비지속성 동사이다. 이 때는 동작이 완료된 후 경과된 시간의 양을 표현한다.

▶ 他**来**韩国**五年**了。(그는 한국에 온 지 5년이 되었습니다)
　　Tā lái Hánguó wǔ nián le.

▶ 她**离开**北京**三天**了。(그녀가 북경을 떠난 지 삼 일이 되었습니다)
　　Tā líkāi Běijīng sān tiān le.

해설
- 离开 : 떠나다

※ 위의 두 예문에서 목적어 <韩国>, <北京>은 반드시 시량보어 앞에 와야 한다.

▶ 我已经大学**毕业十年**了。
　　Wǒ yǐjing dàxué bìyè shí nián le.
　　(나는 대학을 졸업한 지 10년이 넘었습니다)

해설
- 毕业 : 졸업하다

▶ 我们**下课两个小时**了。
　　Wǒmen xiàkè liǎng ge xiǎoshí le.
　　(우리는 수업이 끝난 지 2시간이 되었습니다)

▶ 他们俩刚认识没几个月就结婚了。

Tāmen liǎ gāng rènshí méi jǐ ge yuè jiù jiéhūn le.

(그들은 사귄 지 몇 개월 되지 않아 바로 결혼했습니다)

⑦ **동량보어**　　🔊 10-7

동작의 횟수를 나타내는데, 동사 뒤에 동량사와 수사를 붙여 표현한다.

▶ 这些汉字我写了五遍才学会。

Zhè xiē Hànzì wǒ xiě le wǔ biàn cái xué huì.

(나는 이 한자들을 다섯 번을 쓴 후에야 겨우 익혔습니다)

해설
- 遍 : (동작이 처음 시작하여 끝날 때까지) 번, 회

▶ 昨天我给老师打了好几次电话。

Zuótiān wǒ gěi lǎoshī dǎ le hǎo jǐ cì diànhuà.

(나는 어제 선생님께 꽤 여러 번 전화를 했습니다)

▶ 我得回一趟老家。(나는 고향에 한 번 다녀와야 됩니다)

Wǒ děi huí yī tàng lǎojiā.

해설
- 老家 : 고향
- 趟 : (동작을 왕복하는 횟수를 나타낸다) 차례, 번

185

> **참고**

<한국식 표현을 고쳐라>는 이야기를 가끔 듣곤 한다. 한국식 표현이란 우리말을 그대로 중국어로 옮겨 표면적으로 비슷해 보이지만, 의미가 어색한 중국어를 말한다. 어떤 이는 한국식 표현을 줄이려면 사고(思考) 방식을 중국식으로 바꿔야 한다고 주장한다. 그럼 도대체 중국식 사고란 무엇인가? 태어나서 지금까지 대한민국의 일원으로 쭉 살아온 사람의 사고방식을 한 순간에 바꾸기가 어디 그리 쉬운가?? 게다가 성인이 되어 외국어를 공부한다면 모국어의 간섭은 피할 수 없는 숙명이다.

결론은 사고방식을 바꿀 필요가 없다. 우리말로 생각한 걸 적절한 중국식 표현으로 바꿔서 말하는 게 중요하다. 이 때 주의할 것은 <이런 말을 중국어로 어떻게 말해야 되나>가 아닌 **<이 상황을 중국어로 어떻게 표현하냐>**에 초점을 맞춰야 한국식 표현을 줄일 수 있다. 앞서 설명했던 연동문, 상황을 전달하려는 순서대로 나열하기, 각종 보어 등이 중국어다운 표현들이다. 평소 많은 문장과 연습을 통해 중국어 표현을 익히고 적극적으로 활용하는 게 가장 효과적이다.

MEMO

원어민과의 대화는 긴장감을 동반한다.
회화가 익숙하지 않은 학습자는 아무래도 원어민과
대화가 부담스럽고 어렵다. 특히 잘 해야 된다는
심리적인 부담감은 자신의 능력을 십분 발휘하는 데
걸림돌로 작용한다. 이런 심리적인 부담감을 이겨내고
유창하게 회화를 할 수 있는 방법을 소개한다.

심리적 부담감 해소

01 심리적 부담감 해소

외국어를 유창하게 구사하려면 발음, 문법, 표현 방식 등등 언어의 기술적인 완성도가 가장 중요하지만, 심리적인 면도 무시할 수 없다. 어떤 학습자는 상당한 수준의 회화 능력을 갖췄지만, 막상 원어민 앞에 서면 긴장감에 말 한 마디 제대로 못할 때가 있다. <상대방의 말을 잘 알아들을 수 있을까?>, <틀리면 안 되는데>, <이런 표현은 또 어떻게 하지?> 등등, 잘해야 된다는 강박감에 싸여 본인도 모르게 위축되어 자신의 능력을 십분 발휘하지 못한다. 그래서 원어민과의 대화를 즐거운 소통이 아닌 일종의 테스트로 여기며 부담스럽게 느낀다.

사람은 누구나 긴장을 한다. 긴장감은 평소 익숙했던 행동도 낯설게 만들며 실수를 유발하여 부정적인 결과를 낳곤 한다. 가볍게 스트레칭을 한다, 심호흡을 크게 한다 등, 긴장감을 해소하는 여러 방법이 있지만 큰 효과는 없다. 결국 **긴장감을 없애려고 노력하기보다, 긴장감 속에서도 얼마나 자신의 실력을 충분히 발휘를 하느냐가 더 중요하다.**

흔히 <외국어 울렁증>이라는 부르는 심리적인 압박감을 잘 극복하는 것도 외국어를 유창하게 구사하기 위한 필요 조건이다. 아래는 여러 선배 학습자들이 조언하는 중국어 울렁증을 극복하는 방법이다.

01 중국어 울렁증을 극복하는 방법

① 대화 시작 첫 5분을 잘 넘겨라.
- 긴장감은 시간의 흐름과 관련이 있다. 낯선 사람, 낯선 환경도 시간이 지날수록 서서히 적응되어 긴장감이 많이 누그러진다.
- 긴장감이 최고조에 달하는 대화 시작 첫 5분을 어떻게 보내느냐가 중요하다. 첫 대화 시작부터 꼬이면 갈수록 심리적 압박감과 긴장으로 자신감을 잃을 수 있다.

② 주변 환경에 적응한다.
- 먼저 시각적으로 주변 환경에 적응하며 긴장감을 다스린다.
- 대화를 시작하기 전에 주변의 사물들을 살펴보자. 출입문은 어디에 있는지, 창문은 몇 개인지, 책상 위에 어떤 물건들이 놓여 있는지 등등 주변의 물건들을 살펴보자.

③ 먼저 상대방에게 질문을 던져라.
- 질문을 먼저 하는 쪽이 질문을 받는 쪽보다 대화의 내용을 주도하기가 쉽다. 또한 긴장한 상황에서 상대방의 예상치 못한 질문은 자신을 더욱 긴장하게 만들 수도 있다.
- 这几天很热, 您吃过饭没有? 등등, 생활 주변의 소재 혹은 가벼운 내용으로 먼저 상대방에게 말을 건다.
- 짧은 몇 마디 문장으로 자신의 입 근육도 풀고 대화 분위기에 적응해 나간다.

④ 첫 대화는 무조건 가장 자신 있는 말로 시작한다.
- 첫 단추를 잘 꿰어야 순조롭다. 자신이 중국어로 말했는데 상대방이 눈을 동그랗게 뜨며, <你说什么? 你再说一遍>이라고 했다

면?? 분명 속으로 <내 발음이 안 좋은가?>, <이 문장이 틀렸나?> 등등, 주눅이 들고 자신감이 떨어진다.
- 처음부터 이런 상황이 연출되면 자신도 모르게 의기소침해져 다음 대화를 자신 있게 이어나가기가 쉽지 않다.
- 첫 마디는 평소 많은 연습을 통해 익힌 가장 자신 있는 문장으로 또박또박 말한다.

⑤ 상대방의 눈을 쳐다보지 말라.
- 대화할 때 상대방과 눈을 마주하는 것은 예의이다. 하지만 나를 쳐다보는 상대방의 눈빛에 오히려 자신이 더욱 긴장될 수도 있다.
- 상대의 시선을 외면하고 엉뚱한 곳을 바라보며 말할 수 없다. 이 때 시선을 살짝 내려 상대방의 코 또는 입을 바라보며 말을 해보자.

⑥ 목소리를 평소보다 크게 낸다.
- 긴장되면 자신도 모르게 위축되어 목소리가 작아지는데, 이것이 자신감 상실로 이어진다. 첫 마디부터 의도적으로 목소리를 평소보다 조금 크게 내자.
- 목소리가 크면 심리적으로 자신의 생각을 적극적으로 드러내는 성향이 강하다고 한다. 그만큼 자신감 있게 대화를 이어갈 수 있는 동력이 생긴다.

⑦ 첫 글자는 명확하게 천천히 말한다.
- 긴장된 상황에서 나오는 첫 마디는 매우 중요하다. 긴장되고 급한 마음에 말을 빨리 하다보면 말을 더듬거나 발음이 부정확해진다. 또한 한 번 빨라지면 계속 서두르게 되고 실수를 유발한다.

- 대화 시작 첫 글자는 최대한 천천히 또박또박 발음하며 자신의 언어 템포를 일정하게 유지한다.
- 평소 문장의 첫 글자를 명확히 발음하는 습관이 중요하다.

⑧ 손짓을 활용하자.
- 긴장되면 자신도 모르게 서두르게 된다. 말이 빨라지고 아는 단어 혹은 문장도 생각나지 않아 당황하게 된다. 이 때 손동작을 적절히 활용하면서 자신의 언어 템포를 조절해 보자.
- 평소 거울을 보며 자신의 동작을 자연스럽게 유지하도록 연습하자.

⑨ 시뮬레이션을 한다.
- 원어민과 어떤 내용을 주고받을지, 어떤 표현을 쓸지 등을 먼저 머릿속에 생각해 둔다.
- 인사말, 주제별로 하고 싶은 이야기, 각종 표현 문구 등을 미리 간략하게 연습을 해보자. 모든 걸 예상하고 준비할 수 없다. 다만 중요한 표현들을 미리 연습해두는 것만으로도 자신감이 생긴다.

⑩ 자신을 속여라.
- 우리나라 사람들끼리 중국어로 대화를 한다고 가정해 보자. 틀리는 것에 대한 부담감이 줄어들어 제법 유창하게 말한다. 하지만 상대가 원어민으로 바뀌면 <**틀리면 안 된다**>라는 부담감에 문장도 짧아지고 목소리도 작아진다.
- 머릿속으로 상대는 원어민이 아니고 한국 사람이라고 생각하고 말해보자. 부담감이 줄어들어 한결 편하게 중국어를 말할 수 있다.

⑪ 마인드 컨트롤
- 평소 자신이 편하게 여기는 상황을 떠올려 보자. 예를 들어 침대에 누워 음악을 듣는 상황 또는 맛있는 음식을 먹는 상황 등을 연상하며 마음을 다스려 보자.
- 상대를 어린 아이라고 생각하고 자신이 무언가를 설명하듯 천천히 얘기해 보자. 언어 템포도 빨라지지 않는다.

⑫ <请再说一遍>이라고 당당하게 말하자.
- 긴장한다고 전혀 못 하는 건 아니다, 단지 조금 부자연스러운 뿐이다. 상대방의 말을 잘 못 알아들었다면 <请再说一遍> 또는 <您慢点儿说, 我能听懂>이라고 말하자.
- 대화 도중 잘 못 알아들었다면 무슨 뜻인지 바로 물어보자. 알아들은 척 넘어가면 대화의 내용을 오해하거나 난감한 상황을 맞이할 수도 있다.

(음악을 듣거나 음식을 먹는 상황을 연상하며 긴장감을 다스린다)

02 성인도 아이만큼 외국어를 잘 배울 수 있다.

아이들이 성인보다 외국어를 빨리 배운다는 건 익히 알려진 사실이다. 아이들은 마치 스펀지가 물을 빨아들이듯 왕성한 언어 습득 능력을 가지고 있다. 저명한 언어학자인 '노엄 촙스키' 교수는 <사람은 누구나 말을 배우는 장치를 가지고 태어난다, 다만 성장하면서 모국어에 익숙해져 그 장치가 서서히 소멸될 뿐>이라고 말한다. 그만큼 아이들은 성인들보다 새로운 언어를 학습하는 데 유리하다고 할 수 있다.

한편 심리학자들은 오히려 성인이 아이들보다 외국어를 훨씬 잘 배울 수 있다고 주장한다. 성인들은 교육을 통해 이미 논리적인 사고를 할 수 있다. 게다가 자신의 의사를 적절한 단어를 사용하여 표현할 줄도 안다. 그래서 성인이 아이들보다 외국어를 더 잘 배울 수 있는 지적 수준을 갖추고 있다고 한다. 하지만 현실적으로 성인이 아이들보다 더 빨리 배우지 못하는 이유는 <**심리적인 위축감**> 때문이라고 한다. 자신이 하고 싶은 말을 정확한 발음과 올바른 문장으로 표현해야 한다는 중압감이 바로 그것이다. <틀리면 안 되는데? 내 말을 상대방이 못 알아들으면 어떡하지?>라는 심리적인 중압감과 불안 요인으로 외국인 앞에 서면 긴장되고 위축되어 말을 제대로 못한다. 바로 이런 심리적인 요인이 성인의 학습 속도를 저해하는 주된 요인이라고 주장한다.

반면 아이들은 이런 심리적 중압감이 없다고 한다. 또래 아이들과 함께 어울리며 놀이에 열중하는 아이들은 말을 <정확하고 조리 있게> 하는 걸 모른다. 그저 생각나는 대로, 말하고 싶은 대로 <막 던지다>는 느낌이 들 정도로 자신 있게 말한다. <틀리면 어떡하지?>라는 심리적인 위축감이 없어 성인들보다 말을 많이 하게 되고 결과적으로 말을 빨리 배운다고 한다.

결국 성인이 외국어를 잘 배우기 위해서는 심리적인 압박감을 잘 극복하는 게 중요하다. 많은 외국어 교육 관련 전문가들은 이렇게 조언한다. **외국어 학습은 잊어버리는 걸 전제로 외우고, 틀리는 걸 전제로 말한다. 틀리는**

걸 두려워하지 말고 자신 있게 말하는 과감성이 필요하다.

① 실수를 통해 배운다.
- 원어민이 아닌 이상 누구나 실수한다. 실수했다고 두려워하지 말자. 오히려 실수는 자신의 단점을 찾을 수 있는 단서로서, 실수를 바로 잡는 노력이 실력 향상으로 이어진다.
- 원어민에게 물어보자. 본인은 자신의 단점을 모르는 경우가 많다. 발음부터 문장 구조, 표현 방식 등 여러 부분에서 자신의 단점을 원어민에게 문의하여 찾아내자.
- <오답 노트>를 만들자. 단점을 인지하고 고치기 위해서는 많은 연습이 필요하다. 이 때 오답 노트를 활용하여 집중적으로 연습하자.

② 자신만의 패턴을 만들자.
- 자주 활용되는 몇몇 패턴을 이용하여 자신이 유창하게 말할 수 있는 문장 틀을 많이 만들자.
- 자신만의 문장 틀이 많으면 긴장된 상황 속에서도 비교적 유창하고 큰 실수 없이 대화를 진행할 수 있다.

중국 사람과 소통을 하기 위해 배웠다면 과감하게 부딪혀 보자. **원어민과 대화는 즐거운 소통이지 점수가 매겨지는 시험이 아니다.**